PAUL R. NIVEN

Revelações para o
PLANEJAMENTO
ESTRATÉGICO

O Caminho para o Sucesso nos Negócios

Revisão Técnica:
3GEN Gestão Estratégica

- Adriana Federici
- Aline Isabel Argollo Vênere
- Fábio Fontanela Moreira
- Fernanda Nogueira Guedes
- João Alexandre Lopes Carvalho
- Luiz Gustavo Sedrani
- Roberto Campos de Lima
- Ronald Santana
- Vivian Cristina Manelli

Supervisão Tradução:
Luiz Frazão

PAUL R. NIVEN

Revelações para o
PLANEJAMENTO
ESTRATÉGICO

O Caminho para o Sucesso nos Negócios

Copyright © 2009 by Paul R. Niven

Tradução autorizada do original em inglês *Roadmaps and Revelations*, publicado pela John Wiley & Sons, Inc. Todos os direitos reservados.

Copyright © 2009 by Qualitymark Editora Ltda.

Todos os direitos desta edição reservados à Qualitymark Editora Ltda. É proibida a duplicação ou reprodução deste volume, ou de parte do mesmo, sob qualquer meio, sem autorização expressa da Editora.

Direção Editorial SAIDUL RAHMAN MAHOMED editor@qualitymark.com.br	Produção Editorial EQUIPE QUALITYMARK
Capa RENATO MARTINS	Editoração Eletrônica EDIARTE

Tradução
HELOISA CAVALCANTI DE SOUZA

CIP-Brasil. Catalogação-na-fonte
Sindicato Nacional dos Editores de Livros, RJ

N653r

Niven, Paul R.

Revelações para o planejamento estratégico: o caminho para o sucesso nos negócios / Paul R. Niven; tradução de Heloisa Cavalcanti de Souza. – Rio de Janeiro: Qualitymark, 2009. .

Tradução de: Roadmaps and revelations: finding the road to business success on Route 101

Inclui bibliografia
ISBN 978-85-07303-907-8

1. Planejamento estratégico. 2. Desenvolvimento organizacional. 3. Eficiência organizacional. 4. Sucesso nos negócios. I. Título.

09-5481

CDD: 658.4012
CDU: 658.012.2

2010
IMPRESSO NO BRASIL

Qualitymark Editora Ltda. Rua Teixeira Júnior, 441 São Cristóvão 20921-405 – Rio de Janeiro – RJ Tels.: (0XX21) 3094-8400 ou 3295-9800	Fax: (0XX21) 3295-9824 www.qualitymark.com.br E-mail: quality@qualitymark.com.br QualityPhone: 0800-0263311

Prefácio à Edição Brasileira

Um dos grandes desafios das organizações em nossos dias, senão o maior, é a execução da estratégia. E um dos grandes consensos entre gestores, acadêmicos e consultores é que executar a estratégia é tão ou mais complexo que planejá-la.

Logicamente a execução da estratégia pressupõe a existência de uma estratégia clara em todos os níveis da organização. No entanto, o que pode parecer uma afirmação óbvia é, na verdade, uma das grandes fragilidades das organizações. A estratégia não é clara na maioria das organizações, desde questões básicas como Missão, Visão e Valores conectados aos negócios até mesmo o posicionamento estratégico que as organizações devem ter perante seus clientes.

A experiência da 3GEN em projetos de consultoria e educação voltados para a execução da estratégia em organizações no Brasil e em outros países da América Latina e da Europa tem mostrado que a falta de estratégia clara é uma fragilidade mais comum do que poderíamos inicialmente supor. Percebemos o quanto as organizações se perdem em meio a um emaranhado de conceitos disponíveis no mercado e em como aplicá-los de forma prática e que gerem resultados tangíveis. Mais do que isso, concluímos a partir da nossa experiência e de vários diagnósticos sobre execução da estratégia em organizações públicas e privadas que não é possível executar com qualidade uma estratégia sem cuidar de alguns pontos que são fundamentais, razão pela qual propusemos 6 vetores como base de uma execução eficaz da estratégia, em que a formulação é o primeiro vetor. Além deste, temos como vetores: Mapear a estratégia; Alinhar a organização; Envolver as pessoas; Implementar os projetos e Gerenciar a estratégia.

Seguramente, a compreensão completa do processo de gestão estratégica nas organizações e o grande volume de conceitos propostos pelos teóricos do tema contribuem negativamente para isso. Paul Niven, que é um profundo conhecedor do *Balanced Scorecard* como modelo de execução da estratégia, engrossa o coro ao enfatizar nesta obra que é preciso definir claramente a estratégia organizacional antes de pensar na execução. Em outras palavras, é preciso assegurar uma boa escolha estratégica para que sua implementação traga benefícios para a organização.

Nesse emaranhado de conceitos, Paul Niven propõe, nesta obra de leitura agradável, um *framework* de planejamento estratégico simples e intuitivo, que resgata conceitos clássicos e os concatena de modo inovador. Niven inova também na organização das ideias e na forma de apresentá-las, por meio da envolvente história de Rory, um gestor de planejamento que pouco sabia acerca de estratégia até conhecer Sydney, um especialista no assunto. Mais do que isso, Niven desmistifica a ideia de que um Planejamento Estratégico precisa ser complexo para ser robusto e, consequentemente, efetivo.

Para nós da 3GEN Gestão Estratégica é motivo de muito orgulho participar da revisão técnica de uma obra de Paul Niven, que além de grande profissional é uma das principais referências literárias em BSC e execução da estratégia.

Boa leitura!

3GEN Gestão Estratégica

Sumário

Introdução	IX
1. Reunião de Emergência	1
2. O Desafio	3
3. Mudança de Planos	9
4. A Área Vermelha Destina-se Somente a Embarque e Desembarque de Passageiros	15
5. Quem é Esse Cara?	21
6. O que é Estratégia, Afinal?	31
7. Faça Uma Pergunta Boba	37
8. O que se Vê nem Sempre é a Realidade	43
9. Alcançando o Objetivo Principal	55
10. Pense Rápido	67
11. Um Impulso na Direção Certa	71
12. Uma Noite no Vine View Manor.	83
13. Montando Pucker	89
14. Carregando as Baterias em Pismo Beach	103
15. Você Sabe o que Nietzsche Disse Sobre as Equipes?	117
16. *Two Thumbs Up*	125
17. Resoluções na Areia	137
18. KISS	147
19. Todo Cachorro Tem seu Dia	155
20. A Reunião	165

Roteiro para o Processo de Planejamento Estratégico 175
Roteiro para o Processo de Planejamento Estratégico Online 201
Referências 203

Introdução

Há doze anos eu estou prazerosamente imerso no mundo do *Balanced Scorecard*, ajudando empresas de todos os tipos e portes a implementar efetivamente esta poderosa ferramenta. O *Balanced Scorecard* foi desenvolvido no início da década de 90, por Robert Kaplan e David Norton como uma ferramenta para a execução da estratégia. Aliás, o subtítulo do primeiro livro dos autores sobre o assunto, *O Balanced Scorecard*, é "Estratégia em Ação". O pressuposto que acompanha o *Balanced Scorecard* é de que as empresas que desejam utilizar o modelo já desenvolveram uma estratégia e querem executá-la usando essa comprovada metodologia.

Mas é uma hipótese válida aquela de que as empresas que pretendem utilizar o *Balanced Scorecard* já possuam uma estratégia definida? Minha experiência diz que não. Uma das primeiras perguntas que faço ao iniciar o meu trabalho com um novo cliente é: "posso ver o seu plano estratégico?" Essa pergunta simples e direta já gerou os mais diversos tipos de respostas ao longo dos anos, desde revirar de olhos que nas entrelinhas estão dizendo "você deve estar brincando!" até afirmações como "bem, na verdade nós não temos uma estratégia em si, mas algo que mais se assemelha a uma missão", e, a mais preocupante: "Estratégia? Não temos. É por isso que estamos construindo um *Balanced Scorecard*". Essa última resposta é muito preocupante porque, como eu disse, o *Balanced Scorecard* foi criado para auxiliar na execução da estratégia e não em sua formulação.

Para aquelas poucas e preciosas empresas que possuem um plano estratégico, a palavra "estratégia" parece claramente ausente do produto real que elas me apresentam. Em geral, o plano lembra mais o que Peter Drucker certa vez classificou de "um grande sanduíche de boas intenções", em outras palavras, uma lista de tudo o que a empresa sonha realizar. A questão da escolha, da priorização entre as alternativas concorrentes, inerentes à elaboração adequada de uma estratégia, infelizmente, não está presente nesses documentos. No outro extremo do espectro da estratégica está o plano que contém linguagem vaga e genérica, superficialidades e chavões populares normalmente associados a declarações de missão mal elaboradas.

É possível que o processo de planejamento seguido em salas de reuniões e salas de conferências ao redor do mundo seja o culpado pelos resultados finais alcançados? A pesquisa e a experiência sobre este assunto indicam que esse é muito provavelmente o caso. McKinsey revelou recentemente que apenas 45% dos 800 executivos entrevistados se disseram satisfeitos com o processo de planejamento estratégico, e que apenas 23% indicaram que as principais decisões estratégicas foram feitas dentro das suas fronteiras. Um estudo anterior sobre o tema descobriu algo ainda mais prejudicial, apesar de cômico. Parece que alguns gestores detestam tanto o processo de planejamento anual, considerando-o um termo inútil, que chegam a propor que suas atividades sejam divididas em unidades estratégicas de negócios (SBUs) para fins de planejamento, de modo a evitar todo o exercício. Talvez sua relutância em participar possa ser atribuída ao fato de que, para muitas empresas, o planejamento estratégico tenha se passado de um exercício de análise penetrante e perspicaz a um confuso excesso de correlações matemáticas.

A falta de verdadeiros planos estratégicos e revigorantes processos de planejamento me levaram a escrever este livro. É claro que não sou o primeiro a questionar esse assunto. Aliás, em sua relativamente curta história, o tema já deu origem a milhares de livros, artigos, teorias, seminários, relatórios, *blogs*, e o que mais se possa imaginar. Devo muito a pessoas como Michael Porter, Henry Mintzberg, Michael Raynor, W. Chan Kim, Renée Mauborgne e muitas outras que estudaram sobre o assunto, catalogaram seus imensos conhecimentos e compartilharam suas descobertas para nosso grande benefício. Esses pesquisadores, assim como muitos outros, têm feito um bom trabalho apresentando a estratégia por um ângulo acadêmico e conceitual, mas eu sinto que uma nova abordagem, mais simples, é necessária para que se alcance um amplo público ansioso para conhecer melhor esse tópico, tradicionalmente angustiante e intimidante.

Este livro é uma obra de ficção, ainda que realista, sobre um homem confrontado com o desafio de desenvolver um plano estratégico para sua empresa. Optei por utilizar uma história para transmitir as lições contidas no livro porque as narrativas se comunicam de uma forma que outros gêneros de literatura simplesmente não conseguem. Você pode se envolver em uma história, ter empatia com os personagens, reconhecer as situações em que eles se encontram envolvidos, e, o que é mais importante, muitas pessoas conseguem se lembrar e aprender de forma mais eficaz a partir de uma história. O livro termina com uma seção que resume os princípios importantes delineados no decorrer da história e uma visão geral do processo. Às vezes perguntam: "Quais são as últimas novidades em termos de estratégia no momento? O que está na vanguarda?" Se o simples volume de livros, artigos e outros meios de comunicação estiverem corretos, então a resposta é a "execução". Embora ubíqua no momento, e com razão, dada a conjuntura econômica que enfrentamos, a execução é um princípio eterno, que foi e sempre será, perseguido implacavelmente por empresas de destaque.

Mas para passar pelos portões da execução, é preciso que você primeiro tenha algo, de fato, a executar. Esse algo é a estratégia. Sem uma estratégia concisa, que seja de fácil compreensão e leve à ação, você ficará à deriva, impossibilitado de dar um rumo significativo e decisivo à sua empresa e, em última análise, à mercê de que ventos inconstantes que possam estar soprando no mundo dos negócios. Este livro lhe permitirá desenvolver uma estratégia simples, mas poderosa, que você poderá utilizar para o curso de sua empresa para o sucesso. Eu lhe desejo boa sorte e o incentivo a partilhar as suas próprias histórias de estratégia comigo.

Leve Isso Adiante

Convido-os a visitar *www.roadmapstrategy.com* que oferece recursos complementares à leitura, dentre os quais uma série de exercícios orientados para ajudá-lo na criação de sua própria estratégia. Lá você encontrará ferramentas e recursos que facilitam a sua tarefa mediante a utilização do processo de planejamento estratégico, e permitem que você acompanhe o seu progresso ao longo de sua trajetória. Além disso, há *links* para outros *sites* úteis que você pode visitar ao embarcar no processo de criação e execução de sua estratégia.

1
Reunião de Emergência

– O senhor teve uma estada agradável?

A pergunta do empertigado recepcionista do Arm of Gold Resort and Spa, um dos melhores de Napa, de acordo com o folheto, parecia mais exigir a informação do que, de fato, indagar. Rory Angus Newman, de cabeça baixa e olhos fixos na conta à sua frente, devolveu um bastante amável "sim, foi boa". Enquanto assinava uma via, ele pressentiu alguém se aproximando. Virou-se apreensivamente e acabou colidindo com o daroês que vinha ao seu encontro, que era Brian Rettenauer.

– Reunião de emergência na Sala Merlot em cinco minutos. Brian ofegava enquanto corria pelo hotel à procura de outros membros entre os executivos da Kitteridge Company.

Rory deu de ombros, juntou seus pertences e foi direto para a máquina de café. Tão próximo de uma rápida e sossegada escapada, ele pensou. Do outro lado do saguão, com passadas firmes, caminhava Mark Alston, que acelerou o passo ao avistar Rory enchendo um copo com *cappuccino*. Rory manteve a cabeça baixa, mas de nada adiantou; em segundos, Mark estava junto dele.

– Isso não é bom para você, Newman, explodiu Mark, atraindo a atenção de alguns hóspedes do hotel que se serviam no bufê do café-da-manhã. Rory tomou um gole do seu café, encarou o inimigo de longa data e disse categoricamente:

– Como é que é, Mark?

– Eu disse que isso não é bom para você.

– O que não é bom? – Rory agora se mostrava um pouco irritado.

Mark deu um passo à frente. Seu cabelo curto, ruivo, e suas feições acentuadas brilhavam à luz da lâmpada que aquecia a fartura matinal de panquecas e *waffles*.

– A venda, a reunião é sobre isso. O velho Kitteridge finalmente abriu mão dos bens e está vendendo o império para a Olivenhain Enterprises. E você sabe que eles não vão tolerar o que aqui se passa por planejamento.

E após uma pausa de efeito, como um âncora apresentando o noticiário da noite, em seguida acrescentou:

– Eu daria uma melhorada nesse currículo se sou você, camarada.

– *Fosse você*. Se eu *fosse* você. Não lhe ensinaram isso na faculdade?

– Que seja, garoto esperto. A questão é que os seus dias aqui estão contados.

Após dar seu recado, Mark sorriu como o Grinch que roubou o Natal e saiu sorrateiramente. Rory fez uma pausa, deu uma olhada em volta da sala temática e viu pelo menos uma dezena de pessoas fitando-o, provavelmente vibrando com o que haviam entreouvido; uma instigante fofoca das trapaças corporativas que elas poderiam compartilhar com seus colegas de trabalho. Ele tampou seu copo de café, pegou suas malas e seguiu as indicações para a sala Merlot.

2
O Desafio

Como muitos locais de conferência de um hotel, a sala Merlot era decorada com um carpete de estampa chamativa, um pouco gasto, paredes bege massacradas por milhares de tachinhas e pedaços de fita adesiva colocados ao longo dos anos, e mesas dispostas em "U", cada uma coberta por uma toalha em tom bege clarinho. O espaço todo transpirava um ar um tanto soturno, graças à iluminação indireta no teto.

Rory acomodou-se em uma cadeira ao lado de seu bom amigo e colega Melville Bell, cujos óculos desproporcionalmente grandes e a careca reluzindo à luz suave conferiam-lhe a aparência de um gracioso e inofensivo ser mitológico.

– Bom-dia, Mel, que história é essa, afinal? E quem é aquele cara ao lado do Carson?, perguntou Rory inclinando o queixo na direção do elegante executivo sentado ao lado de Carson Kitteridge, o venerável presidente fundador da empresa. Carson e o executivo analisavam uma pilha de papéis e faziam eventuais anotações, aparentemente ignorando o grupo totalmente absorto diante deles.

Melville ergueu os olhos do copo de água à sua frente como se este fosse uma bola de cristal e disse:

– Meu prognóstico é de grandes mudanças em um futuro próximo. Prodigiosas mudanças.

Com os demais integrantes da equipe reunidos em torno da mesa, Carson levantou-se lentamente e, em seguida, começou a falar.

– Bom-dia a todos e desculpem-me pelo chamado de última hora. Sei que muitos de vocês tinham outros compromissos hoje e estavam ansiosos para voltar ao escritório, de modo que... Gaguejando ligeiramente, ele olhou para o executivo. "*Nós* seremos breves, mas é claro que vocês saberão muito mais nos próximos dias. Estivemos aqui neste belo *resort* nos últimos dois dias discutindo nossos planos para o próximo ano, e tenho certeza de que vocês perceberam que eu estive ausente de muitas daquelas que entendo terem sido excelentes discussões. E estou certo também de que vocês estão cientes de alguns dos boatos que circulam sobre a empresa.

Ele fez uma pausa, como que para se recompor.

– Bem, os rumores são verdadeiros. Ontem à noite, concordei em vender a Kitteridge Company para a Olivenhain Enterprises.

A revelação gerou troca de olhares ao redor da mesa e audíveis suspiros.

– Nós todos queremos que a empresa cresça. A presença internacional da Olivenhain e o comprovado histórico de aquisições bem-sucedidas me convenceram de que foi a decisão certa para todos nós.

Os olhos de Mark dispararam em direção a Rory e um sorriso envolveu toda a sua expressão. Enquanto Carson prosseguia monotonamente falando sobre o esforço de adesão à "família" Olivenhain, a atenção de Rory se desviou.

Ele começara a trabalhar na Kitteridge como auxiliar de contabilidade 15 anos antes, recém-saído da faculdade. A empresa, que fabricava e vendia equipamentos aeróbicos de alta tecnologia (esteiras, *steppers* e aparelhos elípticos) para redes de clubes e hotéis de luxo, vinha ao encontro de seu amor por exercícios físicos. Rory fora campeão de atletismo durante o ensino médio e, para a inveja de muitos, mantivera sua aparência de menino e físico de corredor ao longo dos anos. Ele aproveitou a oferta de emprego quando esta lhe foi feita após uma entrevista informal, durante a qual o chefe de pessoal, como o cargo era então conhecido, declarou com orgulho que a Kitteridge era o Cadillac do mercado. Mesmo na época, a metáfora parecera um pouco desatualizada.

Quando Rory ingressou na empresa, a Kitteridge era um nome consagrado no mercado. De sua base de operações na área de São Francisco, eles forneciam equipamentos para todo o país. O crescimento era lento, mas constante, e parecia que toda a empresa era governada com base na intuição de seu carismático fundador, Carson Kitteridge. Carson não queria saber de planilhas eletrônicas ou análises sofisticadas. Ele se sentia mais à vontade utilizando a metafórica técnica de apontar o dedo para o vento, avaliando o ambiente econômico e tomando decisões quase que exclusivamente instintivas.

Rory continuava progredindo na empresa e, com 10 anos de casa, assumiu o cargo de diretor de planejamento, ficando responsável pela função de "planejamento" daquele empreendimento familiar, o que consistia basicamente na elaboração e no constante acompanhamento do orçamento anual. Ele era bom no que fazia, gostava de seus colegas e se sentia bastante satisfeito por trabalhar em uma empresa que levava muito a sério a ideia do equilíbrio entre trabalho e vida pessoal. As férias eram generosas e incentivadas, a educação contínua era sempre uma prioridade e não se passava uma semana, sequer, sem que ele arranjasse um tempinho para correr pelo menos 10 quilômetros seguidos de uma relaxante chuveirada no moderníssimo ginásio da empresa. Além disso, a empresa gentilmente concedeu uma licença remunerada quando Rory e sua esposa, Hannah, adotaram um bebê da Rússia, em um processo recém-iniciado na época.

As coisas começaram a mudar na Kitteridge por volta de 2005. O crescimento diminuiu e o ônus do turbulento mundo dos negócios, a cujas influências a empresa até então parecia imune, começou a se impor. Em uma tentativa de modernização, Carson contratou Mark Alston, o filho de um colega que ele conhecia de suas muitas noitadas na Ópera de São Francisco. Mark possuía o tipo de linhagem que era estranha à maioria dos funcionários antigos da Kitteridge.

Criado no nordeste dos Estados Unidos, Mark frequentou a escola preparatória, tendo, em seguida, ingressado em um elitizado e arborizado campus da Ivy League antes de fazer um MBA em uma prestigiada escola no centro-oeste americano. Antes de aparecer como o salvador da Kitteridge, Mark passou vários anos em uma pequena, e altamente especializada, empresa de consultoria. Esbanjando o entusiasmo e a leve arrogância dos conhecimentos práticos que sua formação e experiência lhe conferiam, ele gerou sentimentos de apreensão e esperança nos membros da Kitteridge ao embarcar naquele silencioso trem. Mark era impetuoso e ambicioso, mas não tardou para que os rumores de seu inescrupuloso passado começassem a circular pelos corredores.

Com base na promessa de autonomia de Carson e em sua biblioteca de *best-sellers* de negócios, Mark tentou reorganizar a Kitteridge por meio de sofisticados métodos de planejamento e técnicas de recursos humanos, mas Carson, embora interessado, normalmente acabava ficando com seus métodos caseiros. Ele parecia apreciar o frescor das ideias modernas, mas confiava em suas técnicas testadas pelo tempo, como um velho e confortável suéter, na hora de tomar as verdadeiras decisões. Como não podia descontar em Carson, Mark dirigia a maior parte de sua frustração para Rory, o qual ele via como perigosamente desinformado e ultrapassado, apesar de os dois terem a mesma idade, com apenas dois dias de diferença. Suas inflamadas discussões se tornaram lendárias na Kitteridge, onde não raramente se ouviam os exaltados desentendimentos ecoando pelos corredores a qualquer hora do dia. Mark queria mudanças drásticas e esperava que o departamento de planejamento acatasse suas recomendações, cumprindo-as de forma integral e inquestionável. Rory, por outro lado, sentia que os métodos de Mark eram extremamente perigosos, beirando o antiético.

O abismo entre os dois não deixava muita margem para concessões e, com o tempo, limites foram estabelecidos, dando a impressão de que Mark tomara o fato como algo pessoal, vendo Rory como o grande obstáculo ao seu sucesso.

– E eu gostaria de agradecer a Rory por seu notável esforço ao longo destes últimos anos. – Melville cutucou Rory, da forma mais discreta possível, para tirá-lo de seu devaneio. Rory sorriu timidamente e Carson prosseguiu.

– Naturalmente, as mudanças, como todos nós sabemos, vêm acompanhadas por oportunidades e desafios. Os próximos dias, embora cheios de promessas, poderão ser difíceis para alguns de nós, à medida que nos adaptamos ao estilo de gestão e operação da Olivenhain. Comigo aqui, hoje, está Jim Tobin, vice-presidente executivo de operações da Olivenhain Global. Jim, você gostaria de dizer algumas palavras?

Jim, cuja gravata, de tão apertada, mais dava a impressão de que ele estivesse a ponto de desenvolver um glaucoma, levantou-se e apertou a mão de Carson, em seguida dirigindo-se ao grupo.

– Em nome de todos na Olivenhain Enterprises, é com grande satisfação que lhes dou as boas-vindas à nossa família de empresas. Nos próximos dias, vocês irão conhecer muito, muito mais sobre os nossos motivadores planos para a Kitteridge e a primeira coisa que deveriam saber é que o nome permanecerá o mesmo. – Ele parou, como se esperasse aplausos pelo consolo, mas, como ninguém se manifestou, prosseguiu apressadamente com um óbvio roteiro de apresentação comercial da Olivenhain que ele já havia apresentado inúmeras vezes antes. Claro que ninguém em torno da mesa estava ouvindo uma única palavra, dado que cada neurônio naquela sala estava "ligado" na pergunta "o que isso significa para mim?". Rory seria o primeiro a descobrir.

Quando a reunião terminou e o abalado grupo começava a assimilar as surpreendentes notícias, Carson chamou Rory a um canto da sala enquanto confabulava com Jim Tobin e Mark, em uma atitude aparentemente ameaçadora para Rory.

Quando Rory se aproximou dos três, Jim prontamente estendeu a mão. "Jim Tobin. Prazer em conhecê-lo, Rory, estamos entusiasmados por tê-lo aqui conosco." Antes que Rory pudesse dizer qualquer coisa, o alto executivo prosseguiu.

– Carson e Mark me colocaram a par da função de planejamento e nós estamos no firme propósito de ampliar significativamente o seu perfil aqui na empresa, impulsionando o processo de forma substancial. Compramos a Kitteridge baseados na reputação do produto e na forte imagem de sua marca, mas sabemos que há muito potencial ainda inexplorado aqui.

Jim parou novamente como fizera ao se dirigir ao grupo. Rory se questionou se ele esperava uma manifestação de confirmação ou de incentivo.

– Rory, nós temos uma grande oportunidade para você – outra pausa para elogios – a especialidade do cara era representar? – Precisamos de um plano estratégico para conduzir este barco e temos certeza de que você é a pessoa certa para produzi-lo. Agora, deixe-me esclarecer. Nossa ideia não é de que você desenvolva o plano. O que precisamos no momento é de um "plano para o planejamento", se você me entende. Sabemos que planejamento formal não era o forte da empresa no passado. – E lançando um olhar acusatório em direção a Carson, ele prosseguiu: É claro que temos os nossos métodos na empresa, mas queremos algo novo, algo fresco... algo que funcione. Você sabia que a grande maioria dos planos estratégicos nunca é executada? – Seus olhos penetravam os de Rory. Mais uma vez, no entanto, antes que Rory pudesse responder, o furacão Jim retomou a ação. "É verdade, e acreditamos que um importante fator seja a complexidade. Queremos que você construa o alicerce para um processo simples. Quais os elementos fortes de um plano estratégico que irão nos preparar para uma execução bem-sucedida mas são relativamente simples?"

Jim tomou fôlego, permitindo que Mark se interpusesse: "Recomendei você pessoalmente ao Jim para isso, Rory; arrisquei-me por você, companheiro. Tenho certeza de que irá desapontar a equipe". Jim e Carson sorriram diante da manifestação, enquanto Rory fez uma careta para Mark. "Tenho certeza que sim, Mark", ele pensou. Jim colocou o braço em volta de Rory, que se esquivou discretamente. Em seguida, o desvairado executivo recomeçou.

– Ok, Rory, vamos ao que interessa. Precisamos de seu relatório sobre como desenvolver um plano estratégico vencedor em cinco dias. Eu sei que é pouco tempo, mas as coisas vão ser assim a partir de agora; você vai passar de um Model T para uma Ferrari, meu amigo. Você consegue entregar?

Seis olhos arregalados pousaram sobre Rory; ele não tinha saída. Sua cabeça girava a mil – eram tantos pensamentos: "Sim, consigo... O quê? É claro que não dá... É uma grande oportunidade... O que é um plano estratégico afinal?... Cinco dias, ele disse cinco dias? E, eu tenho a reunião..."

Carson então colocou as mãos sobre os ombros de Rory como um velho e confiável tio, tranquilizando-o. Enfim, uma voz tranquilizadora em meio a essa repentina turbulência, pensou Rory, inclinando-se para ouvir aquelas que certamente eram palavras de sábio aconselhamento e reconfortante incentivo. Carson respirou fundo e sussurrou: "Não me cause constrangimentos". Enquanto Rory tentava absorver o golpe, o toque de seu celular penetrou o ar. Ele olhou rapidamente e viu uma mensagem de texto de Hannah: "Ligue-me o mais rápido possível".

3
Mudança de Planos

Os últimos 12 meses foram desafiadores para Hannah e Rory. Hannah era particularmente apegada a seus pais, como é frequente o caso em famílias pequenas. Sua mãe fazia parte de uma geração anterior, agora perto da extinção, que era a da mãe dona de casa, extremamente eficiente em todas as tarefas domésticas. Precisa de uma receita para as sobras de batatas? Chame a mãe. Caiu vinho tinto na toalha de mesa? Sem problemas, a mãe tem o remédio. A entulhada despensa está uma bagunça? A mãe pode arrumar em um instante. E para acompanhar a mestre graduada em administração doméstica, um reservatório abarrotado de energia capaz de causar inveja a qualquer atleta olímpico. Sua mãe começou a desacelerar há alguns anos. No início, as mudanças foram menores e aparentemente insignificantes: dificuldade para girar uma chave na fechadura ou o fato de deixar cair uma camisa que ela estava passando. Mais tarde, os problemas foram se agravando e ela começou a sofrer com dores nos membros e uma contração incontrolável. Convencida de que havia algo errado, Hannah e seu pai insistiram em uma visita ao médico. Começou a ser feita, então, uma bateria de exames, "para eliminar as hipóteses", disse o médico no intuito de tranquilizá-los. O processo de eliminação, no entanto, levou ao devastador diagnóstico de ELA, mais conhecida nos Estados Unidos como Doença de Lou Gehrig ou Esclerose Lateral Amiotrófica. A terrível doença lhe tirou praticamente tudo o que valorizamos como propriedades básicas: ficar em pé, andar, deitar-se e levantar-se da cama, as coisas comuns que, em conjunto, formam o tecido de nossas vidas. Em três anos ela se foi.

É uma palavra demasiadamente usada nos tempos modernos em que vivemos, mas sua mãe era verdadeiramente a "heroína" de Hannah em todos os sentidos. Perdê-la na idade relativamente jovem de 61 anos parecia uma ofensa criminal para a qual nenhum recurso ou explicação mundana jamais seria suficiente.

Uma época já estressante tornou-se ainda mais pesada quando Hannah e Rory foram informados de que seu pedido de adoção de uma criança da Rússia tinha sido finalmente aprovado. A agência encontrou uma menina bonita e saudável, embora, até então, Rory e Hannah tivessem ouvido apenas descrições, sem terem visto uma única fotografia de sua futura filha. Eles estavam emocionados, naturalmente, mas profundamente tristes com o tempo dos acontecimentos, sabendo que a mãe de Hannah jamais testemunharia a alegria da iminente adoção. Ela nunca conheceria a alegria de carregar o bebê, dar-lhe banho com amor, e mimá-lo como havia dito que o faria. Além disso, a papelada e a infindável burocracia que envolve uma adoção internacional, para não mencionar os custos, impuseram desafios extras e não muito bem-vindos diante das circunstâncias.

Hannah sempre foi amigável, porém nunca muito próxima de seus muitos tios, tias e primos espalhados por todo o país. Seu pai era um militar de carreira, portanto uma vida nômade para a coesa unidade familiar fez com que eles fixassem residência em todos os cantos, norte, sul, leste e oeste. As visitas familiares prolongadas eram limitadas aos principais acontecimentos da vida: casamentos, aniversários importantes, nascimentos e, infelizmente, falecimentos. E foi assim que sua família se reuniu em São Francisco para o funeral de sua mãe. Entre muitas lágrimas, aqueles poucos dias foram também de muitas risadas, de partilha das antigas tradições de família, e promessas de se manterem mais próximos dali em diante. Muitas vezes, tais promessas são vagas, provocadas pela pureza emocional do momento, mas, nesse caso, foram cumpridas. Apenas dois meses depois do funeral, o tio de Hannah, Frank, sugeriu uma reunião de família em sua casa em San Diego, reunindo todo o clã para uma "celebração da vida", como ele colocou. O planejamento começou imediatamente, proporcionando uma distração maravilhosa para Hannah e seu pai, e um referencial para toda a família.

Organizar convenções políticas nacionais não deve ser muito mais difícil do que organizar uma reunião de família. De uma lista de ideias com cinco ou seis itens, a quantidade de tarefas é logo enumerada em dezenas: acomodações para mais de 50 pessoas com idades entre 2 e 82 anos, compra e preparo dos alimentos, transporte – levar as pessoas para San Diego e depois transportá-las em uma das maiores cidades do país, e, é claro, criar uma gama de atividades para agradar a todas as idades e gostos. Depois de muita discussão, foi decidido que a reunião apresentaria um tema ao "ar livre", com caminhadas guiadas em alguns dos muitos tesouros naturais das regiões desertas de San Diego, *parasailing* em Torrey Pines para os mais corajosos, e ainda o tiro ao prato que, parecia, seria novo para todos os membros da família. A ameaça de uma lesão em consequência desse exercício foi uma constante fonte de ansiedade para a tia-avó de Hannah, Kathryn. "Alguém ainda vai acabar perdendo um olho, ouçam o que eu estou dizendo", ela alertava.

Hannah partiu de San Francisco para San Diego vários dias mais cedo para ajudar seu pai e seu tio com os muitos detalhes de última hora. Rory estava participando de uma reunião da Kitteridge em Napa Valley e faria sozinho a viagem de cerca de 800 quilômetros. Ansioso pela viagem solitária, ele planejava percorrer a Rodovia 101, com sua espetacular combinação de vistas estonteantes do mar, vales dourados e ondulantes colinas pontilhadas de carvalhos.

Ainda um tanto atordoado com os acontecimentos da reunião do início da manhã, Rory apertou de forma confusa as mãos de Jim Tobin, Carson, e até mesmo do malicioso Mark, em seguida dirigindo-se ao estacionamento arborizado do *resort*. Sua cabeça estava a mil em decorrência da responsabilidade pelo planejamento estratégico, subitamente jogada sobre seus ombros momentos antes. Ele chegou até o carro, abriu a porta traseira, colocou suas malas no banco e, após respirar fundo, pressionou a tecla programada de seu telefone para ligar para Hannah.

Ela atendeu ao primeiro toque.

– Onde você está? Eu liguei a manhã toda, disse ela.

– Sim, desculpe, convocaram uma reunião de emergência.

Ela interrompeu rapidamente:

– Reunião de emergência? Está tudo bem?

Rory fez uma pausa; estaria tudo bem? Ele não sabia, até então.

– Carson vendeu a empresa.

– Não me diga! Para quem? Por quê?

– Para a Olivenhain Enterprises. Eles são grandes, globais... Acho que ele estava querendo liquidez.

– Algo de errado? Você parece estranho; o que está acontecendo?

Hannah sempre percebia quando algo não estava certo com seu marido, uma habilidade que ela cultivara ao longo de anos de interpretação de mensagens enigmáticas, verbais e não-verbais, de seu parceiro.

– Nada. Nada.

Silêncio.

– O que foi, Rory, eu tenho um milhão de coisas para fazer aqui, não enrola...

– *Você* tem um milhão de coisas para fazer?, Rory retrucou. Eu acabei de tomar conhecimento de que tenho cinco dias para descobrir como desenvolver um plano estratégico para uma empresa que, até agora, confiava nos caprichos do chefe. Nossos supostos planos estratégicos não passam de visões na cabeça de Carson, e agora eu tenho menos de uma semana para formalizar um processo real. E eu estou enrolando?!

– Desculpe. Hannah fez uma pausa para respirar e, em seguida, continuou. As grandes empresas costumam dispensar as pessoas, não é verdade? Você acha que está seguro? Temos que pagar a agência de adoção esta semana, é muito dinheiro. Deveríamos cancelar?

– Não entre em pânico. Eu vou resolver isso. Vou passar nove horas sozinho no carro, o que me dará uma vantagem para decidir o que fazer em relação a isso. Mais uma vez houve uma pausa. Por fim, Hannah quebrou o silêncio.

– Por falar na viagem...

– O que houve?

– Eu recebi um telefonema de um primo em segundo grau chamado Sydney Wise.

– Quem?

– Syd-ney Wise! Ela acentuou cada sílaba, claramente frustrada, agora. Só o encontrei uma vez, quando eu tinha uns nove anos. Acho que ele morou na Europa por um tempo, não tenho certeza. De qualquer forma, ele me deixou uma mensagem de voz às 5 da manhã dizendo que está vindo. Não sei nem como ele recebeu convite, visto que está bem distante na árvore genealógica.

Rory encostou o queixo no teto do carro e respirou profundamente enquanto Hannah falava.

– Eu liguei de volta e ele me disse que deveria ter uma reunião em São Francisco que foi cancelada, mas como ele já havia feito reserva de passagem e marcado o horário, decidiu vir para o encontro. Ele vai chegar em São Francisco às nove e meia e perguntou se haveria alguém indo de carro hoje.

– Você não fez isso, retrucou Rory. O carro é a minha bolha, Hannah, você sabe disso, e principalmente hoje.

– Que escolha eu tinha, Rory? Deixá-lo tomar um ônibus e descobrir, amanhã à noite, que você passou por ele de carro? É uma reunião de *fa-mí-lia*, Rory, disse ela, novamente enfatizando as sílabas.

Rory resmungou consigo mesmo. Ele percebeu que não adiantava discutir, que não havia qualquer possibilidade de ficar sozinho naquele carro. A sorte estava lançada.

– Tudo bem. Onde e quando?

– Ele vai estar lá fora, no portão C1 da área de desembarque, às 10 horas.

– Como ele é?

Agora era a vez de Hannah emitir um suspiro de frustração.

– Bem, vejamos, acho que ele estava vestindo uma camiseta Fonzie, com uma bermuda branca, meias listradas de vermelho e azul, e tênis Adidas Tobacco... quando ele tinha nove anos! Como eu posso saber como ele é?

A pitada de sarcasmo não foi bem recebida. Rory tirou o telefone do ouvido, olhou para o aparelho e fingiu jogá-lo nos arbustos próximos. Logo depois, ele conseguiu se recompor e o colocou de volta ao ouvido.

– Tudo bem, eu o encontro. Tenho que ir, então. Os olhos de Rory se desviaram para o relógio Swatch comprado há 10 anos e do qual ele não conseguia se separar, apesar do mostrador arranhado. Ligue para ele e diga que vou me atrasar, pois já passa das nove e são pelo menos 90 quilômetros daqui ao aeroporto.

– Obrigada, querido. Eu te amo. Hannah respondeu como se uma onda conciliadora abrandasse a conversa.

– Também te amo. Eu ligo mais tarde, quando a "águia" tiver pousado. Diante do gracejo, os dois forçaram uma risada bastante sem graça e desligaram.

Rory se jogou no banco de seu Mercedes azul Capri C230 e saiu em velocidade do estacionamento ensolarado, em direção ao aeroporto internacional de São Francisco. Ele percorreu a Silverado Trail, cortando o pitoresco vilarejo de Napa com seus inúmeros bares de degustação de vinhos e peculiares restaurantes, em seguida pegou a Rodovia Napa Vallejo e, finalmente, disparou pela Interestadual 80 Oeste.

Se aquilo era um mecanismo de defesa contra os tumultuados acontecimentos das últimas horas, ele não sabia, mas tudo o que sua mente podia estabelecer era o quanto ele gostava de estar no carro, sozinho. Daquele carro, em particular. O C230 era, na opinião da maioria, um Mercedes para principiantes, mas Rory estimava seu santuário financiado e o tratava com a reverência normalmente dispensada a um Maserati ou um Aston Martin. Banhos semanais com sabonetes de luxo, aplicados carinhosamente com luvas de lã de cordeiro, eram dados generosamente no veículo de novato, e nenhuma partícula de poeira ou detritos – dentro ou fora – eram tolerados. O pai de Rory não lhe ensinara muitas das coisas que um pai normalmente ensina aos filhos – sobre como eles são feitos, por exemplo – mas suplicava que seu filho seguisse duas regras simples de vida: manter sempre seus sapatos engraxados e seu carro limpo. Rory assimilara ambas sem questionamentos.

E era nesse estado de espírito, estimando a solidão de seu único e verdadeiro espaço privado e pessoal, que Rory se encontrava ao seguir pela saída 423A da Rodovia 101 em direção ao Aeroporto Internacional de São Francisco. O tráfego ficou lento, arrastando-se, quando ele se aproximou do andar de desembarque, onde táxis, limusines, veículos de cortesia, e amigos e familiares se misturavam, prontos para resgatar exaustos viajantes junto ao meio-fio. Escrutinando calma e cuidadosamente a área, Rory logo avistou o portão C1, de onde surgiu uma figura sombria.

4
A Área Vermelha Destina-se Somente a Embarque e Desembarque de Passageiros

Rory manobrou o Mercedes para a faixa da direita, posicionando-se bem atrás de um Prius branco, e centímetros na frente de um Prius vermelho metálico – afinal, ele estava em São Francisco. Com o portão C1 diretamente à sua direita, ele puxou o carro para o meio-fio, colocou o seletor de marcha na posição "estacionamento" e fitou pela janela do passageiro a figura que estava no portão. Ainda nada além de uma sombra, e então ele seguiu o brilho hesitante de uma ponta de cigarro que caiu no chão e logo foi esmagada por uma pesada bota de couro de meio cano que, após girar de lado a lado para apagar o cigarro, conduziu a figura inteiramente para fora da escuridão, colocando-a sob a pálida luz da calçada. Aquele só podia ser Sydney Wise.

Ao longo dos anos, Rory havia conhecido muitos parentes de Hannah e descobrira tratar-se de pessoas bastante normais. Alguns deles tinham suas excentricidades, é claro, como o tio Duke que gostava de usar calças de pijamas em público, porque, como ele dizia, "os chineses também o fazem". Mas a maior parte da família poderia tranquilamente ser rotulada de normal; criada em bons lares, frequentou a faculdade, seguiu uma carreira, vivia sua vida. A figura que se aproximava do carro, no entanto, arrastando e soltando abruptamente no chão uma bolsa do tamanho das usadas para carregar equipamentos de hóquei, não se ajustava ao pincel imaginário que Rory havia usado para pintar a família de Hannah.

Rory saltou do carro e foi ao encontro de Sydney, na calçada, mas antes que pudesse expressar qualquer forma de cumprimento, seus ouvidos foram agredidos com um sonoro "Você é o Rory?". Um pouco surpreso,

Rory fez um breve aceno de cabeça e estendeu a mão, que Sydney segurou com grande vigor, apertando-a com tanta força que Rory sentiu que poderia ser esmagada com mais um daqueles apertos de torno mecânico.

– Aperto de mãos mais sem graça, resmungou Sydney.

Rory deu uma risada hesitante, tentando alcançar a enorme bolsa de Sydney.

– Eu faço isso, disse Sydney, levantando a bolsa como se estivesse tão leve quanto um monte de neve recém-caída.

Sydney caminhou em direção à parte traseira do carro e Rory, sempre o solícito anfitrião, antecipou-se apertando o botão do controle remoto para abrir a tampa do porta-malas. Um segundo depois, no momento em que Sydney fazia menção de alcançar a maçaneta, a tampa se abriu abruptamente, atingindo-o em cheio no queixo, com um audível barulho.

– Que #*%$ é essa!

Mais impropérios abafados e um olhar de acusação foram dirigidos a um Rory um tanto desconcertado, ainda absorvendo a presença diante dele. Claro que não era apenas o jeito aparentemente rude de Sydney que desagradava um pouco Rory – "Refinado como um gladiador", foi o seu primeiro pensamento – mas também a sua presença física dominante. Os cachos ruivos de Sydney, pendentes sob uma berrante bandana alaranjada, pairavam a pelo menos 2 metros do chão. Ele trajava uma bermuda cargo cáqui desbotada, sustentada por um cinto de couro com pedrinhas de cristal de rocha imitando diamantes e manchada logo abaixo do bolso direito, recheado com sabe-se lá o quê. Contrastando com a surrada bermuda, ele vestia uma recém-passada camisa Tommy Bahama preta-azeviche em tecido de seda, de mangas curtas, estampada com a figura de uma mulher em trajes sumários e um par de dados rolando.

Nenhuma palavra mais foi trocada enquanto os dois se dirigiam às suas respectivas portas e tomavam seus assentos no carro. Rory ligou o motor, olhou pelo retrovisor e viu que um repentino mar de carros vinha se aproximando por trás. Ele acelerou e o carro deu um solavanco para a frente, arremessando Sydney, que ainda não colocara o cinto de segurança, contra o painel. Antes que pudesse se desculpar pela mais nova ofensa, porém, Rory avistou um ônibus da Hertz aproximando-se pela sua esquerda e meteu o pé no freio. A força G impulsionou Sydney para trás no assento, provocando um movimento involuntário de seus longos braços e fazendo com que o esquerdo atingisse Rory no peito.

– Desculpe-me, Rory disse debilmente.

Sydney lhe lançou um olhar furioso, nada mais. Rory, com o coração agora batendo mais rápido do que um relógio Timex em velocidade, estabilizou o carro e seguiu os sinais de saída que os levariam de volta para a Rodovia 101.

Momentos depois, eles saíram do âmbito dos cavernosos túneis e corredores subterrâneos do terminal do aeroporto para o brilhante sol da Califórnia. Sydney estava inquieto como um animal enjaulado, tentando encaixar suas proporções gigantescas em um banco posicionado para a estatura mediana de Hannah. Em dado momento, ele girou o tronco para alcançar o ajuste de reclinação do encosto na parte inferior do assento e, com a mão esquerda acompanhando involuntariamente o movimento de seu corpo, apoiou os dedos na janela ao seu lado. Rory captou a cena de relance, no momento em que Sydney retirava seus imensos dedos da janela, deixando suas impressões digitais engorduradas bem no meio do vidro imaculado. Rory ficou horrorizado. Era tudo o que ele podia fazer para manter o controle do carro.

Sabendo que tinha que afastar o pensamento daquela transgressão criminal contra o seu amado carro, Rory decidiu que o momento era ideal para jogar conversa fora, e virou-se para Sydney com a pergunta mais inofensiva que ele poderia imaginar.

– Então, como foi o seu voo?

Sydney parou, evidentemente nada disposto a dar a típica resposta de "bom" ou "cheguei aqui com segurança, o que é mais importante".

Após um longo e incômodo período de silêncio, ele coçou o queixo com a barba por fazer e começou.

– Vou lhe contar como é voar pelos céus amigáveis nos dias de hoje. Eu chego à fila para revista, em Denver, e vejo um funcionário por trás de uma pequena mesa com um monte de coisas proibidas em cima. Coisas do tipo garrafas de água, grandes frascos de xampu, outros produtos de higiene pessoal e alguns alimentos. Como se não bastasse, há também um imenso pote de calda de chocolate, tamanho família. Então fico pensando: até que ponto chega o desespero de um chocólatra para que ele carregue consigo uma vasilha de calda de chocolate aonde quer que vá? A intenção seria de salpicá-la sobre as delícias servidas a bordo hoje em dia? Hummm, minipretzels mofados com cobertura de chocolate. Então, quando me aproximo do cara e ele começa seu discurso monótono, tenho que interrompê-lo e dizer: "Para a felicidade de todos, deixei minha calda de chocolate em casa hoje".

"Ok, quase bizarro", Rory pensou, mas espera aí, todo mundo tem histórias de aeroporto, e ele poderia ter empatia, como qualquer pessoa que tenha estado em um aeroporto nos últimos sete anos. Rory pensou tratar-se de uma boa oportunidade para estabelecer algum vínculo logo no início da viagem e respirou antes de tentar alegrar Sydney com algumas histórias suas de viagem. Antes que ele pudesse dizer a primeira palavra, no entanto, Sydney recomeçou com veemência renovada.

– Em seguida, eu entro no avião. Está cheio, claro, mas eu acabo ficando com a última fileira inteira só para mim. Estou me acomodando, pensando em tirar uma soneca, quando ouço os comissários, que estão sentados bem atrás de mim, na cozinha. Acho que havia uma tripulante extra no voo, sem trabalhar, mas sentada lá atrás. Aparentemente, ela não conhecia os outros dois, um homem e uma mulher, mas eles pareciam se dar muito bem, especialmente a tripulante extra e o rapaz. Um pouco de bate-papo entre eles e depois, bomba! Eles começam a criticar a hierarquia da empresa. Um deles diz: "O escritório da empresa está cheio de imbecis", o que o outro endossa com entusiasmo. Então o cara diz: "Minha chefe é a pior, ela não tem condições de administrar merda alguma". A reprovação é interrompida porque os dois que estão de serviço têm que dar as instruções de segurança. Eles voltam logo em seguida e a tripulante extra diz: "É assim que se faz, de maneira curta e agradável. A nossa é longa e chata. E eu fico pensando, eles ainda se perguntam por que as pessoas não gostam de companhias aéreas, se até mesmo os funcionários as odeiam".

Com isso Sydney parou mais uma vez, e Rory esperava que agora fosse a sua vez de falar, mas novamente, após um breve intervalo, Sydney continuou.

– Pra mim está claro que faltava coordenação naquela operação. Aqueles "imbecis no escritório da empresa", como eles disseram, precisam desenvolver uma estratégia simples e transmiti-la a cada empregado, para evitar esse tipo de atitude dos funcionários. Com uma estratégia concisa, todos eles podem promover algumas ideias simples e trabalhar de forma coordenada.

Rory girou a cabeça em direção a Sydney, fazendo o carro se desviar para outra faixa e obrigando o motorista de um caminhão da FedEx a buzinar freneticamente em sinal de protesto. Será que seus ouvidos o haviam traído? Esse cara, que mais parece um Rambo de férias em Las Vegas, começa vomitando sarcasmo e agora já está falando como um guru do mundo dos negócios? Ele disse "estratégia"?

5
Quem é Esse Cara?

Com San Jose agora à vista, os dois continuaram na bolha silenciosa do Mercedes. Rory sentiu-se tentado a perguntar mais a Sydney a respeito de sua referência à estratégia, mas, em silêncio, após avaliar o rude gigante a seu lado, ele concluiu que a única estratégia que Sydney Wise era capaz de planejar seria como vencer uma luta de faca que acontecesse em uma partida sem limites de Texas Hold'em[1].

De repente, a Rodovia 101 ficou reduzida a duas faixas em cada sentido, tornando o tráfego mais intenso e deixando Rory preso atrás de um lento Buick Lacrosse. Ele checou seu ponto cego para ultrapassar o Buick, mas, ao sinalizar para a esquerda, o Buick se antecipou e deslizou suavemente para a faixa de fora na frente dele. Rory seguiu na expectativa de chegar perto do sedan marrom-escuro em questão de segundos, quando notou "algo" no vidro traseiro. Uma caixa de Kleenex – lenços de papel – adornada com uma tampa de crochê produzida manualmente: a marca denunciadora de um motorista para lá dos 65 e um mau sinal para quem está com pressa.

– Beleza, PH – Rory resmungou, respirando.

– O que você disse? Sydney, que até aquele momento tinha tolerado apenas um punhado de palavras de Rory, finalmente parecia um pouco consciente da existência de seu motorista. O que é que papel higiênico tem a ver com alguma coisa?

– PH não é papel higiênico, é passagem hesitante, respondeu Rory. Sabe, alguém que entra na faixa de alta velocidade e fica pairando por lá como se estivesse sendo puxado por uma lenta força magnética. PH.

---

[1] N. T.: *Texas hold'em* (também *holdem*) é o jogo de pôquer mais popular nos cassinos e salas de pôquer na América do Norte e Europa.

Por alguma razão Sydney achou esta descrição bem-humorada e soltou uma risada calorosa que, embora pegando Rory um tanto desprevenido, agradou-lhe. Além disso, o riso parecia abrandar um pouco a natureza tosca de Sydney.

– Então, você é o marido de Hannah, certo?

– Isso mesmo, Rory Newman.

– Você não quer dizer Rory Angus Newman?, Sydney rebateu

– Como você sabe disso?, Rory perguntou.

– Vi no *site* da reunião.

Rory apertou os olhos.

– Há um *website* da reunião?

– De qualquer forma, como você pode ter esse nome? Você não me parece escocês.

– Minha mãe é escocesa, na verdade, uma MacIntosh. Eu tenho seis irmãos e irmãs, e todos têm nomes bastante comuns – Will, Dan, Pete, Betsy, Jake, e um ligeiramente exótico, Mary Margaret. Quando chegou a minha vez, eu sou o caçula, minha mãe teve que prestar homenagem à nossa herança escocesa, imagino. No ensino médio todo mundo me chamava de RAN, quando o grupo Flock of Seagulls tocava "I Ran" nas rádios.

– Então, o que você faz quando não está fazendo o seu rali para o aeroporto, RAN?, Sydney perguntou.

– Eu sou diretor de planejamento da Kitteridge, nós fabricamos...

– Equipamentos de ginástica, Sidney interrompeu.

– Exato.

– E o que você faz, exatamente, como diretor de planejamento?

Rory respirou fundo e estava prestes a responder quando seu telefone tocou através do sistema de áudio do carro. O identificador de chamadas mostrava que era Mark Alston. Rory suspirou, apertando a tecla do telefone no volante.

– Alô, Mark, em que posso ajudar?

– Alô, Newman. A voz de Mark crepitava no alto-falante. Ele estava tentando imitar a famosa saudação de Jerry Seinfeld sempre que encontrava o amigo de Kramer – e seu rival nesse caso –, Newman, mas com aquela voz anasalada e o estranho sotaque da Costa Leste, mais parecia uma tentativa patética de representar John Cleese (comediante britânico).

– O que é, Mark?

– Só para lembrar, meu amigo, 4 dias, 21 horas e 35 minutos. Eu, particularmente, mal posso esperar para ver o seu relatório. E que brilhante futuro você tem na Olivenhain!, Mark gargalhou sarcasticamente.

– Só isso, Mark?

– Sim, é.

– Até logo – Rory apertou a tecla END como se esmagasse um inconveniente inseto na mesa de jantar.

– O que foi? – Sydney perguntou.

Com torres comerciais reluzindo em ambos os lados à medida que eles passavam por San Jose, Rory explicava sua situação a Sydney: a sua história na Kitteridge, a célebre ausência de processos de planejamento formal na empresa, a contratação de Mark para mudar as coisas, e a súbita venda anunciada naquela manhã.

Nesse momento, a narrativa foi interrompida por uma visão estranha ao lado da estrada. Do lado de fora de um clássico Volkswagen Vanagan, um jovem estava de joelhos com as mãos estendidas para uma moça de aparência frágil e delicada trajando um vestido de algodão branco. Tanto Rory quanto Sydney ficaram imaginando se o rapaz estaria pedindo a mão da moça em casamento ou implorando perdão. Um lugar estranho para qualquer das duas opções, eles pensaram. Enquanto o Vanagan se distanciava no espelho retrovisor, Rory alcançava o clímax de sua história de vida na Kitteridge, contando o desafio que lhe coubera de criar um "plano para o plano" nos próximos cinco dias.

Sydney analisou a situação por um momento e declarou:

– Por que esse tal de Mark não faz isso? Ele foi contratado para mudar as coisas, não foi?

– Você quer saber por que o Mark não faz isso? – Rory perguntou – Todo mundo pensa que o Mark é esse fenômeno da Ivy League[2] que

---

[2] N.T.: A *Ivy League* é um grupo de oito universidades privadas do nordeste dos Estados Unidos da América. Originalmente, a denominação designava uma liga desportiva formada por essas universidades, das mais antigas dos Estados Unidos. O grupo, também chamado de *as oito antigas*, é constituído pelas instituições de maior prestígio científico nos Estados Unidos e no mundo e, assim, atualmente a denominação tem conotação sobretudo de excelência acadêmica, também associada a um certo elitismo.

chegou para salvar a pátria, não é mesmo? Pois você sabe por que ele não se criou como consultor? – Rory voltou-se para Sydney esperando a réplica obrigatória. Como isso não ocorreu, ele continuou.

– Porque ele não tinha aptidão – Rory fez uma pausa, perguntando-se de onde havia tirado aquele termo, mais adequado para um filme *noir* dos anos 50. Sydney ergueu ligeiramente as sobrancelhas, endossando o leve constrangimento de Rory diante de sua alegoria verbal.

– Quando a situação ficou crítica, eu soube que ele deixou todos os seus clientes na mão e nunca alcançou qualquer resultado real. Um grande tagarela, isso é o que ele é. E tem mais. Com esta última frase, Rory havia passado de ator de filme *noir* a apresentador de comercial.

– Sérias questões éticas. O meu colega de trabalho, Mel, me disse que ele tinha certeza de que Mark faria qualquer coisa para ganhar um contrato. Uma vez eles estavam montando uma equipe para um trabalho e o cliente insistiu em um determinado camarada que eles consideravam muito talentoso. Acontece que o coitado morreu duas semanas antes. Você acha que isso impediu Mark? Mesmo assim, ele enviou ao cliente uma carta garantindo-lhe que o tal camarada conduziria a equipe. Você acredita?

Sydney absorveu essa revelação em silêncio, para decepção de Rory, que esperava uma resposta mais entusiasmada e solidária. Quando Rory estava prestes a perguntar educadamente se sua história havia chegado ao outro lado do carro, o estridente som de "My Sharona" irrompeu no ar. O *single* de estreia do The Knack, de 1979, era o toque do telefone de Sydney, que parecia se deleitar com a metálica execução, deixando o telefone tocar umas quatro vezes antes de atender.

– Wise... umm... hmmm... sim...

Rory nunca se sentiu confortável na presença de alguém falando em um telefone celular, especialmente no carro. E se fosse uma conversa pessoal? Não era como se ele estivesse em um ambiente do qual pudesse se retirar. E se ele encostasse o carro? Felizmente, nesse caso, Sydney parecia completamente alheio à presença de Rory, enquanto refletia sobre as palavras do interlocutor do outro lado da linha antes de falar novamente.

– Sim, mas se a China revalorizar o yuan, e se o valor deste crescer – o que poderá acontecer – os preços dos produtos japoneses cairão instantaneamente em relação aos de seus concorrentes chineses. E se isso acontecer, a maior concorrência irá expandir as exportações japonesas e beneficiar o iene em relação ao euro e ao dólar. Acho que não devemos fazer nada por enquanto.

Sem, sequer, dizer um tchau, até logo, ou te cuida, Sydney encerrou a ligação e jogou o telefone no porta-copos do carro.

Se o asfalto da estrada à sua frente, de repente, se transformasse em gelatina, não causaria tanta surpresa a Rory. "Quem é esse cara?", ele se perguntava. A curiosidade era grande demais. E então, no tom mais informal possível, indagou:

– E você, Sydney, o que faz?

Sem perder a pose Sydney respondeu:

– O mínimo possível, amigo.

– Formidável, Rory pensou, "essa resposta ajudou muito".

Enquanto Rory buscava maneiras de reformular sua pergunta, a luz do mostrador de gasolina interrompeu seus devaneios. A mensagem de "reserva de combustível" piscou por cerca de cinco segundos e depois mudou para um pequeno ícone no canto esquerdo do mostrador. A luz era um incômodo terrível para Rory. Ele detestava interromper o ritmo de uma viagem na estrada para parar em posto de gasolina, e tinha o hábito de sempre abastecer o carro na noite antes da partida. Mas na noite anterior houvera um jantar da Kitteridge e, antes que ele percebesse, o doce vinho clarete de Napa que fluía livremente à mesa impossibilitou-o de dirigir, ainda que só até o posto da esquina.

Obviamente, não havia muito ritmo naquela viagem, e talvez uma parada fosse justamente a receita para colocar as coisas em ordem. Sim, uma pausa era exatamente o que eles precisavam. Seu diálogo interior, cheio de contentamento por aquela decisão, foi interrompido pela voz de Sydney, grave como a de um barítono.

– Acho que você poderia me chamar de um empreendedor em série.

– Hein? – Rory respondeu, retornando à órbita do carro.

– Nos últimos 20 anos, iniciei, desenvolvi e, em seguida, vendi pelo menos uma meia dúzia de empresas espalhadas por esta nossa grande terra – Deus a abençoe. Esta última parte foi entoada com a reverência de um fervoroso patriota.

Rory sentiu-se confuso. Ele estava ansioso para explorar o tesouro que Sydney acabava de colocar à sua frente, mas o brilho vermelho da luz de gasolina estava causando leves palpitações que precisavam ser exorcizadas imediatamente. Cerca de 150 metros à frente estava a saída da Rua Monterey para a cidade de Gilroy. Rory conduziu o Mercedes para a faixa da direita e alcançou a saída a suaves 100 quilômetros por hora.

"A capital do alho no mundo", ressaltou Sydney, observando os arredores.

Rory avistou um posto de gasolina ao norte da saída e direcionou o carro para a entrada do posto alguns segundos à frente. Ele se dirigiu para uma fileira em que havia bombas vagas, parou e colocou o seletor de marchas na posição "estacionamento". Sydney rapidamente livrou-se de seu cinto de segurança e disse: "Preciso ir ao banheiro". Em seguida, soltou-se do banco e tomou o rumo do posto, enquanto Rory se dirigia para a bomba.

Quando Sydney transpôs a porta coberta com decalques e desapareceu, Rory meteu a mão no bolso e tirou o telefone e, após manusear as teclas com a velocidade e a destreza de uma adolescente fanática por mensagens de texto tentando falar com sua melhor amiga, aguardou o resultado. Em três segundos, ele obteve a resposta e, mais uma vez, ficou chocado. "Sydney Wise: Empreendedor do Ano do Estado do Colorado", alardeava o texto exibido através de um *hiperlink* na minúscula tela do navegador de Internet de seu celular. Abaixo havia uma outra revelação: "Wise vende participação na Pastiche Holdings por US$ 25 milhões". A história de vida de Sydney desdobrava-se diante dos olhos de Rory e era fascinante: sua ascensão a partir de uma origem humilde, seus incalculáveis sucessos empresariais, sua habilidade de gestão e suas recentes atividades filantrópicas, as quais ele preferia tratar com discrição.

Rory estava girando em um redemoinho de confusão. Esse cara, esse Rambo de camisa de seda, era um guru dos negócios, um gênio. "Como tudo isso poderia ter permanecido um segredo? Por que Hannah nada sabia sobre ele?" Ainda maravilhado com a sua descoberta, ele colocou o telefone no teto do carro e puxou a alavanca, que acionou o fluxo da caríssima gasolina especial. Enquanto Rory abastecia, um Camaro vermelho da metade dos anos 80 encostou no aparelho de calibragem do posto. Dele saltou o que muitos considerariam uma típica ocupante do tipo de transporte em questão, uma mulher de seus quarenta e poucos anos, trajando uma calça *jeans* pintada, salto alto e um *top* preto. Encher o pneu não parecia ser uma tarefa de rotina para ela, mas algo mais próximo de uma arte performática. Rory, ainda sorrindo pelo que sua investigação havia descoberto, mal havia notado a mulher, mas capturou o seu olhar por um brevíssimo instante. Aquele contato ocasional entre os dois estranhos fez com que a porta do passageiro do Camaro se abrisse bruscamente. E de lá partiu um vulto em trajes de couro preto em direção a Rory. O sujeito era magro e forte e uma onda de fúria saiu quando ele abriu a boca espumante para falar.

– Tá olhando o quê, cara? – perguntou ele. Rory estava assustado, mas curiosamente o seu primeiro pensamento foi: "Esses dois não são da Califórnia".

– Nada... Eu não estava olhando para nada – respondeu ele.

– É melhor que não esteja olhando para a minha mulher – "vomitou" o Senhor Couro, dando um passo ameaçador em direção a Rory.

Instintivamente, Rory deu um passo para trás, o que produziu o efeito indesejado de deslocar a alça do cano da bomba de seu tanque, despejando uma torrente de gasolina em seus pés e escorrendo por baixo do carro em direção ao Senhor Couro, que gritou:

– Está tentando me incendiar, idiota?

– Não... não... Fazendo malabarismos com a escorregadia alça do cano, Rory finalmente conseguiu recolocá-la no lugar e acabar com a inundação iminente. Então, a potencial gravidade da situação o atingiu com a força devastadora de um soco na cara, um murro pelo qual ele percebeu que provavelmente estava prestes a ser atingido.

Só então Sydney surgiu de dentro do posto, dando a última mordida em um Twinkie (bolinho recheado com creme). Sem dizer uma palavra, ele deu a volta, contornando o cenário da confusão que começava a se formar; sua cabeça de formato quadrado girava lentamente enquanto avaliava a cena, até que seu olhar finalmente pousou sobre o Camaro antigo.

Como um felino, o Senhor Couro, alheio à presença de Sydney, iniciou um lento e sorrateiro rastejar em direção a Rory, estendeu seus dedos ossudos, e cerrou os punhos com tanta força que as palmas das mãos ficaram brancas. "Agora você vai ver, seu imbecil", murmurou ele, acelerando o passo ao atravessar a poça de gasolina. Erguendo seu pequeno punho, puxou o braço para trás como se fosse um arco e estava prestes a dar vazão à sua fúria quando Sydney agarrou seu ombro, detendo-o em sua ação.

– Só por curiosidade, o que mais você tem no carro, além daquela... senhora? Sydney perguntou com uma calma considerável, um tanto incompatível com aquela situação de tensão.

– Tira a mão de cima de mim seu macaco estúpido! – contorceu-se o Senhor Couro sob o aperto poderoso de Sydney. – O que eu tenho no meu carro não é da sua conta.

Com uma única mão e agilidade digna de um campeão de dança de salão, Sydney girou o Senhor Couro em uma pirueta, fazendo-o encarar a frente do Camaro.

– Tenho certeza de que a polícia local estaria interessada nisso –, disse Sydney, apontando para a placa do carro. A placa estava velha, amassada e coberta de lama, mas, olhando bem, podia-se ver que o registro do carro estava vencido há dois anos.

O Senhor Couro se esquivou, desvencilhando-se de Sydney para, em seguida, ficar imóvel como uma estátua. Por fim, ele olhou cautelosamente para o carro, depois para Sydney e Rory, e mais uma vez para o carro. Em seguida, foi andando de costas, desajeitado e ligeiramente sem equilíbrio, até alcançar o carro. Ele fez sinal para que sua companheira entrasse, ela o fez, e os dois partiram em disparada, levantando do chão uma nuvem de poeira.

Recompondo-se lentamente, Rory voltou-se para Sydney e disse:

– O que foi isso?

– Como assim?, respondeu Sydney.

– Quero dizer que eu tinha certeza de que esse cara era pura encrenca, assim como eu estava igualmente certo de que um de nós três acabaria no chão, coberto de gasolina de quatro dólares o litro.

Sydney se aproximou, o sol batendo diretamente sobre o seu ombro direito, fazendo com que Rory apertasse os olhos. Com o ar solene de alguém sob juramento, ele disse:

– Se você estiver atento, consegue raciocinar e sair de qualquer situação, Newman.

Enquanto Rory observava, em silêncio, cada um de seus passos, Sydney caminhou naturalmente para o outro lado do carro. Ao abrir a porta, ele percebeu que o telefone de Rory estava no teto e, usando sua ampla envergadura física, pegou o aparelho, que ainda estava ligado. Ele olhou e viu o texto: "Sydney Wise: Empreendedor do Ano do Estado do Colorado". Sydney atirou o telefone contra Rory, que havia assumido sua posição atrás do volante e massageava os dedos com higienizador para as mãos.

– Aqui. Você esqueceu disto.

Rory olhou para a tela com o navegador aberto. Em seguida, olhou fixamente para Sydney e disse:

– Você pode me ajudar?

Sydney ajeitou sua reluzente bandana alaranjada, endireitou a gola da camisa, sem jamais desviar o olhar, e disse:

– Parece que você está precisando de toda a ajuda do mundo.

Os dois compartilharam uma risada e o carro arrancou, levantando uma onda de vapor de gasolina sobre o local onde o velho Camaro havia estado momentos antes.

6
O que é Estratégia, Afinal?

A reserva de adrenalina de Rory estava tão cheia quanto o tanque de gasolina enquanto os dois faziam o caminho de volta para a Rodovia 101 e prosseguiam rumo ao sul. "Que aventura." Esse pensamento lhe passava pela cabeça com a fúria de uma montanha-russa. Ele já tinha uma história para a vida toda, e só estavam no carro há pouco mais de uma hora. Ele lançou furtivamente um olhar na direção de Sydney e pensou consigo mesmo: "Afinal, ele não é um cara ruim". Justamente quando todos os efeitos dos últimos acontecimentos caíam sobre ele, Sydney puxou o velcro no bolso esquerdo de sua bermuda e tirou um maço de Marlboro tamanho grande. "Você se importa se eu fumar?", perguntou, presumindo uma resposta positiva, pois o cigarro já pendia de sua boca antes mesmo que Rory pudesse abrir a dele.

O ar em uma sala de cirurgia não poderia ser mais puro do que no interior do carro de Rory. Ele não deixaria nem mesmo o amado Golden Retriever da família, Jock, andar no carro, por receio de que seu malcheiroso hálito de cachorro pudesse poluir o imaculado ambiente. Lanches? Nem pensar. A ideia da fumaça tóxica do cigarro, a ofensa mais abominável que ele podia imaginar, desencadeou uma reação em cadeia em sua mente que acabou transparecendo em seu rosto, agora desfigurado como se ele estivesse acuado. Com um olhar de canto de olho, Sydney captou o bizarro quadro, pigarreou um pouco e enfiou o cigarro de volta no maço.

– Suponho que você não seja fumante – disse ele.

– Não, nunca fumei. Bem, houve só uma vez, quando eu tinha 12 anos, eu e meus amigos roubamos um maço da bolsa de minha mãe.

Percebendo que seria uma longa história, Sydney resolveu mudar de assunto.

– Mas então, vamos falar sobre esse seu desafio.

Rory, acatando com satisfação a mudança de assunto, disse:

– Tudo bem. Enfim, eu tenho cinco dias para dizer à minha empresa como se desenvolve um plano estratégico.

– Plano estratégico. Sydney esfregou os pelos crescidos de seu queixo e repetiu a frase.

– Um plano estratégico. Então me diga – disse Sydney olhando bem para Rory – o que exatamente é estratégia?

A boca de Rory abriu-se instantaneamente, mas, para sua surpresa, nada saiu. Seus lábios tremeram novamente, como que tentando se soltar de alguma mordaça invisível que impedisse a saída das palavras. Porém, nada. Como poderia aquela palavra, que ele estava acostumado a ouvir desde os tempos de faculdade, uma palavra pronunciada praticamente o tempo todo por gurus de negócios e usada com frequência na Kitteridge, não suscitar uma definição imediata?

Finalmente, ele disse:

– Bem, acho que estratégia é um conjunto de táticas de suporte ao orçamento.

– Então, o orçamento vem em primeiro lugar?, Sydney perguntou.

Rory refletiu. Ele havia passado a maior parte de sua carreira elaborando e acompanhando orçamentos, e analisando tendências orçamentárias. Ao longo dos anos, os termos orçamento e estratégia haviam se tornado inseparáveis. Antes que ele pudesse compor uma resposta, Sydney quebrou o silêncio que tomara conta do carro.

– Vamos ouvir outra opinião. Ligue para alguém da sua empresa agora, pode ser qualquer pessoa, do faxineiro ao CEO, não importa, e pergunte-lhe o que é estratégia.

– O quê? – Rory murmurou.

– Você me ouviu – Sydney respondeu.

– Bem, eu só tenho algumas pessoas na discagem rápida, e não é uma parte representativa da empresa ou algo assim.

– Faça o que estou dizendo – retrucou Sydney.

Rory pressionou o ícone do telefone na tela do carro, depois o símbolo da agenda telefônica e procurou até encontrar Melville Bell antes de pressionar o botão de chamada. Ao terceiro toque, veio a resposta.

– Bell falando – atendeu Melville de forma atabalhoada como se estivesse de boca cheia.

– Mel, é Rory, eu o peguei em má hora?

– Oi, Rory, não. Eu estava terminando meu *kefir*. Eu lhe disse que sou descendente de Maomé?

– É uma bebida de leite fermentado – Rory sussurrou para Sydney, que respondeu com um franzir de sobrancelhas. Ele é viciado nisso.

– Mel, como você definiria a palavra "estratégia"? – Rory perguntou.

Melville Bell não era de responder por impulso. Embora o seu título na Kitteridge denotasse gestão de operações, ele era amplamente considerado o intelectual da empresa, capaz de opinar sobre qualquer tema, de valor acionário a Voltaire. E após um silêncio considerável, ele respondeu.

– Estratégia é um plano de ação sofisticado e sistemático.

Rory virou a cabeça para Sydney, buscando sua aprovação. Seria aquela a resposta que ele procurava? Sydney simplesmente olhou pela janela enquanto o carro passava rapidamente por uma placa anunciando a Missão San Juan Batista, criada em 1797.

– Rory, você ainda está aí? – Melville perguntou.

– Sim, Mel. – Ele olhou para Sydney novamente. E ainda nenhuma resposta.

– Era só isso, ligo para você mais tarde. – E antes que Melville pudesse retribuir o até logo, Rory desligou.

– Então? – perguntou Rory.

– Ligue para mais alguém.

Rory soltou um suspiro, mas procurou na agenda telefônica mais uma vez, agora optando por seu contador-chefe, Kimberley Patel. E enquanto pressionava a tecla de chamada, lançou um olhar desconfiado na direção de Sydney.

– Alô, aqui é Kimberley.

– Kim, é Rory. Só quero lhe fazer uma pergunta rápida. Como você definiria "estratégia"?

– O quê?

– Estratégia.

– O que é isso, Rory? – Kim demonstrou menos entusiasmo em participar da extemporânea enquete do que Melville.

– Estratégia, Kim, como você definiria?

– Você recebeu aquele relatório de acompanhamento financeiro que eu enviei ontem à noite por e-mail? – Kim perguntou.

– Sim, e... antes que pudesse dizer mais alguma coisa, Rory sentiu o olhar de Sydney como um laser cortando o espaço entre eles.

– Estratégia, Kim – ele ordenou pelo viva-voz.

– Bem, se você quer saber, eu diria que estratégia equivale a metas. Satisfeito agora?

– Extasiado. Obrigado Kim, falo com você depois. – Como aconteceu com Melville, Kim foi rapidamente despachado.

Antes que Rory pudesse se voltar para Sydney, ansioso por ouvir sua opinião sobre os pequenos interrogatórios, ele concluiu.

– Cada um disse uma coisa diferente.

Ele ainda refletia sobre as consequências do fato quando Sydney disse:

– Você viu a placa lá atrás para a missão?

– San Juan Batista? Sim, vi.

– Está lá há muito tempo, desde 1797 – ponderou Sydney. Algumas coisas resistem ao teste do tempo. Isso me lembra uma citação de Karl von Clausewitz alguns anos antes.

As engrenagens do cérebro de Rory funcionavam freneticamente, com todos os neurônios empenhados em descobrir quem era, ou fora, o tal do Karl von Clausewitz. Um humorista? Um astro dos esportes? Um político? Um especialista em negócios? Em vez de tentar adivinhar, Rory optou por um aceno de cabeça em tom de cumplicidade.

– Como você sabe, Sydney enfatizou, von Clausewitz foi um general alemão que disse, em 1832, que a primeira tarefa de qualquer teoria é esclarecer os termos e os conceitos eventualmente obscuros. Somente depois de chegar a um acordo sobre os termos e conceitos, podemos analisar as questões com facilidade e clareza e esperar que os outros compartilhem do mesmo ponto de vista. – Sydney fez uma pausa, permitindo que Rory registrasse o peso total das palavras de von Clausewitz, antes de prosseguir. Você notou alguma coisa nas três definições de estratégia que você e seus colegas deram?

Rory acenou com a cabeça afirmativamente.

– Sim, foram todas diferentes.

– O que isso significa para você? – Sydney perguntou.

– Significa que vai ser quase impossível desenvolver um plano quando não estamos, sequer, falando a mesma língua.

– Exatamente. – Sydney agora fitava Rory com atenção. – A primeira coisa que você tem a fazer, *antes* de desenvolver um plano estratégico, é chegar a um acordo sobre o que é estratégia, e, tão importante quanto, o que não o é. Em seguida, ele desviou o olhar, voltando a fixá-lo na estrada retilínea à sua frente, e então prosseguiu.

– Eu fiz um discurso em Moscou certa vez, com tradução simultânea, sabe, como o fazem na ONU. Eu estava indo extremamente bem com a minha palestra sobre empreendedorismo; via muitos acenos de cabeça positivos, risadas nos momentos certos. Tudo muito bem. Até que, de repente, eu olho e vejo um monte de caras sem expressão. Eu não sabia, mas a transmissão para os fones de ouvido daquelas pessoas havia sofrido interrupção e elas não conseguiam ouvir a tradução, apenas a minha verborragia em inglês. Nós, literalmente, não estávamos falando a mesma língua. Era como se a comunicação batesse em uma parede de tijolos. O mesmo ocorre no mundo dos negócios. Todo mundo tem que estar acompanhando o que você quer dizer com termos comuns como "estratégia" e "missão". E só então você tem a chance de produzir.

– O que é estratégia então? – perguntou Rory.

Sydney não hesitou.

– Eu defino estratégia como as prioridades gerais adotadas por uma empresa a partir do entendimento de seu ambiente operacional e de acordo com a sua missão.

Enquanto Rory ainda absorvia o que fora dito, tentando desesperadamente guardar na memória, Sydney prosseguiu.

– Mas definir essas prioridades não é fácil. Implica uma análise profunda e a capacidade de responder a algumas perguntas fundamentais sobre o seu negócio. Essa é a parte processual da equação. E talvez, se tivermos tempo, completou, apertando os olhos em direção ao velocímetro, que registrava rápidos 125 quilômetros por hora, possa lhe falar um pouco sobre isso.

O pé de Rory tendia a ficar um pouco pesado quando ele estava absorvido em pensamentos. Dado tudo o que tinha que aprender antes que chegassem a San Diego no dia seguinte, ele se perguntava se uma coleção de multas por excesso de velocidade logo não estaria a caminho.

7
Faça uma Pergunta Boba

Os dois continuaram rumo ao sul, com a cordilheira Diablo Range reluzindo à esquerda. As ondulantes colinas ensolaradas, pontilhadas por chaparrais (tipo de vegetação rasteira, típica da Califórnia) e carvalhos, por um momento desviaram a atenção de Rory. "Essa beleza tão simples e ao mesmo tempo tão cativante", pensou.

Ele refletiu sobre a cena e começou a traçar um paralelo com o planejamento estratégico. "Talvez um planejamento estratégico seja bastante simples também. Talvez eu esteja complicando demais", ponderou. Em seguida, ele se desafiou a fazer uma descrição mental da cena que se desenrolava à sua frente, racionalizando que, se conseguisse, talvez também fosse capaz de criar uma descrição simples do processo de planejamento. Ele continuou pensando no assunto por um bom tempo, mordendo os lábios, para o desalento de Sydney, enquanto tamborilava incessantemente os dedos no volante. Finalmente, o melhor que ele pôde invocar foi que a cena lhe lembrava a imagem de fundo que aparece na tela de inicialização do Windows. "Patético", pensou ele, percebendo que, se essa pequena experiência era algum tipo de prenúncio, ele estava predestinado a fazer aquele trabalho.

Na desesperada tentativa de mudar aquele pensamento que martelava em sua cabeça, "Isso vai ser impossível... Isso vai ser impossível", ele revelou a Sydney:

– Sabe, nós temos sim um processo de planejamento.

Sydney lançou um olhar incrédulo e respondeu:

– Por que você não diz do que se trata?

– Bem – começou Rory. – Nós nos reunimos pelo menos uma vez por ano, isto é, quando conseguimos conciliar o calendário de todos, e geralmente passamos alguns dias em um bom *resort* discutindo as questões.

– Questões? – Sydney rebateu.

– Sim, questões – retrucou Rory, como se estivesse perturbado por precisar defender uma afirmação tão óbvia. – Quer dizer, o mercado, os clientes, a economia, o que aconteceu no ano passado, tudo isso.

– E o que vocês fazem com essas informações? – Sydney indagou.

Rory puxou-se para a frente como que para iniciar sua resposta com um gesto solene, mas estancou subitamente e desmoronou em seu assento.

Após alguns instantes, ele disse:

– Nós criamos orçamentos e metas.

– Quantas? – rebateu Sydney, virando-se para Rory.

– Quantas o quê?

– Metas. Quantas metas vocês criam?, a voz de Sydney enchia o carro.

– Ah, muitas! – respondeu Rory sem pestanejar.

– Foi o que imaginei – bufou Sydney, cruzando seus avantajados braços. Após respirar fundo, ele prosseguiu.

– Você sabe o que Kissinger disse sobre o planejamento na maioria das empresas?

O humor de Rory melhorou imediatamente diante da menção de um nome que ele, pelo menos, reconhecia, embora ainda sem entender muito bem a referência ao ex-estadista.

E antes que ele pudesse responder, Sydney continuou.

– Kissinger disse que o que se passa por planejamento normalmente é a projeção de algo familiar em um tempo futuro. Em outras palavras, você olha para os fatos passados e espera que essas informações lhe sejam úteis no futuro. Em seguida, você idealiza um monte de objetivos, ou o que Peter Drucker, o verdadeiro pai do pensamento gerencial, chama de um heróico sanduíche de boas intenções. Vamos fazer isso, vamos fazer aquilo, e vamos fazer aquilo outro, ignorando o que, de fato, está acontecendo à sua volta.

Satisfeito com aquele monólogo, Sydney ajeitou-se no assento e olhou para Rory, que continuava olhando fixamente para a frente na desesperada tentativa de acompanhar a lenga-lenga. Um pouco atrasado na conversa, só então ele conseguira alcançar o ponto da referência a Drucker. Agora, de volta ao tempo real, ele sentiu que convinha se manifestar em defesa das táticas de sua empresa.

– Mas essas reuniões são dureza. Nós não nos sentamos em torno de uma mesa e ficamos apenas tomando café com biscoitos.

– Está ficando um pouco quente aqui dentro – disse Sydney.

Rory não estava certo se a opinião de seu passageiro era metafórica ou literal e acabou entendendo ser um pouco de cada. Ele alcançou o botão do ar-condicionado e tocou-o levemente, fazendo com que uma brisa fresca soprasse no interior do carro.

– Melhorou?

– Obrigado. Ouça, eu não quis dizer que vocês não se esforçam intelectualmente em suas reuniões, mas planejamento estratégico é dureza, e as pessoas sabem disso. Você está basicamente tentando desvendar um futuro desconhecido, escolher dentre um mundo de possibilidades e elaborar uma resposta triunfante para o que você vê na sua bola de cristal. Esse negócio é difícil, daí provavelmente a razão de tantas empresas não o fazerem corretamente.

– Mas os especialistas podem ter uma ideia do que esperar no futuro, ou não? – perguntou Rory, apontando para o céu através do para-brisa.

Um sonoro "hummm" chegou aos ouvidos de Rory assim que Sydney começou a falar.

– Em 1984, a *The Economist* realizou um estudo interessante. Eles pediram a quatro ministros da Fazenda, quatro presidentes de empresas multinacionais, quatro estudantes de Economia da Universidade de Oxford e quatro lixeiros de Londres que fizessem previsões para 10 anos sobre diversas das principais variáveis econômicas. Dez anos depois, eles obtiveram os resultados.

Outra pausa dramática de Sydney, e Rory mordeu a isca:

– E então?

– E os presidentes conseguiram empatar com os lixeiros, enquanto os ministros terminaram na lanterna. Mas para piorar a situação, a previsão média apresentou uma variação de mais de 60 por cento para cima ou para baixo.

– Então, por que se preocupar tentando montar um plano estratégico?

A voz de Rory ergueu-se em óbvia consternação. Aquela tarefa não só havia caído inesperadamente sobre seus ombros como, segundo o Rambo aqui, era quase impossível de ser realizada.

– Não esquente a cabeça à toa. Eu nunca disse que você não deveria tentar – completou Sydney bruscamente. – Você só precisa fazê-lo da maneira correta.

Os dois trocaram um olhar, e Sydney continuou.

– Lá no posto de gasolina, eu notei que você se encharcou com aquele higienizador para as mãos, em vez de ir até o banheiro e lavá-las.

– Sim, bem, era mais fácil, e eu não queria perder tempo.

– É exatamente aí que eu quero chegar. A maioria das empresas passa gel higienizador nas mãos, em vez de lavá-las.

Rory revirou os olhos nesse momento, perguntando-se o que aquilo significava e quase esperando que algumas referências históricas obscuras viessem à tona, em vez da boa sabedoria caseira.

– Você não percebe isso? – resmungou Sydney. – Era mais fácil passar o higienizador do que buscar tempo e energia para as lavar as mãos. E as suas mãos estão limpas agora, limpas mesmo?

– Bem, de acordo com o frasco, Rory apanhou o pequeno recipiente plástico debaixo de seu assento e apertou os olhos para ler as minúsculas letras, fazendo com que o carro se desviasse e invadisse a faixa da esquerda por um momento. – Isto mata a maioria dos germes.

– Sim, bem, eu ainda estou sentindo cheiro de gasolina aqui. Isso é uma medida paliativa, Newman. Para remover, de fato, a gasolina, você deveria ter ido até a pia e lavado as mãos, limpando-as completamente.

– E o que isso tem a ver com empresas? – Rory decidiu reconhecer e ir adiante.

– Assim como na sua empresa, a maioria das equipes de gestores se reúne, fala sobre o que já sabe e faz previsões para o futuro com base nisso. Elas passam o higienizador nas mãos, em vez de fazer as perguntas fundamentais que as levarão a avanços reais.

– Então elas não se esforçam como deveriam para buscar as respostas, é isso que você está dizendo?

– A questão não são as respostas, são as *perguntas*. Elas não fazem as perguntas certas – berrou Sydney. – Em vez de fazerem as poucas e cruciais perguntas que podem realmente ajudá-las, muitas empresas fazem um levantamento minucioso de cada dado e acabam transformando um planejamento estratégico em um exercício de múltipla escolha que resulta em planos que, às vezes, se estendem por mais de cem páginas, abarrotadas de gráficos, quadros, mapas, setas e diagramas malucos. E sabe para quê? Para nada, a não ser para EMV.

– EMV?

– Embaçar minha visão – EMV.

Rory deu uma risada, mas aquilo não era motivo de riso para Sydney.

– Eu não estou brincando, você pode ficar cego tentando explorar essas coisas. De certa forma, isso é pior do que as versões de planos estratégicos do tipo "higienizador para as mãos", que não oferecem nada de novo. São tão cheios de análise que paralisam as pessoas e as impedem de tomar qualquer ação, e isso é fatal. – Sydney pontuou esta última observação usando um de seus dedos com formato de charuto para puxar um gatilho imaginário.

– Equilíbrio, Newman, equilíbrio. O processo não tem que ser excessivamente simplista nem ridiculamente complexo para ser eficaz. Faça as perguntas certas, que são sempre as mais básicas e fundamentais, e você terá um plano estratégico eficaz.

Antes que Rory pudesse indagar sobre essas misteriosas perguntas, seu estômago já dava sinais de fome. Ele olhou o relógio: 12:45. Rory sempre foi um pouco rígido em seus hábitos alimentares: café da manhã às sete, almoço ao meio-dia, e jantar às sete da noite. Ele gostava da simetria dos sete e odiava perder uma refeição na hora marcada.

– Você está com fome? – perguntou ele.

Sydney deu de ombros, o que bastou para Rory. A saída da Avenida Walnut para Greenfield estava a dois quilômetros à frente e ele conduziu o carro naquela direção. Enquanto eles cruzavam a pista de saída, Sydney contemplava os campos distantes e dizia: "Saladeira do mundo. Há uma indústria de dois bilhões de dólares aqui". Rory apenas balançou a cabeça.

Agindo literalmente por instinto, Rory virou à direita na Avenida Walnut, deslizou sobre o asfalto a mais ou menos 25 quilômetros por hora, depois pegou a esquerda na El Camino Real. Dois semáforos à frente, ele virou à direita na Avenida Apple. Mais adiante, ele finalmente o avistou ao longe, radiante no calor da tarde: El Mariachi.

8
O que se Vê nem Sempre é a Realidade

O Restaurante El Mariachi, inaugurado em 1941, de acordo com a placa pintada a mão afixada na janela, recebeu Rory e Sydney com um verdadeiro ataque aos sentidos.

Antes que eles abrissem a porta, o som de "Tu Recuerdo", com Ricky Martin, alcançou-os na calçada. A confortante melodia os transportou como uma onda através da desgastada porta de entrada do restaurante e, de repente, os sons foram superados pelos aromas: salsa picante, carne assada na chapa, lascas de *tortilla* tostadinhas e o vapor inconfundível da tequila, flutuando como uma nuvem suave sobre toda essa mistura.

Na tentativa de se acostumarem com o espaço escuro e cavernoso diante deles, Rory e Sydney rapidamente tiraram seus óculos de sol.

Rory apertou os olhos, absorvendo o ambiente: paredes cobertas com instrumentos musicais de todas as variedades e épocas, uma diversidade de mesas e boxes, todos lotados e abarrotados com uma abundância de comidas e bebidas. O piso era confeccionado em um padrão quadriculado de azulejos de terracota Saltillo, e Rory estava convencido de que havia detectado pegadas de animais moldadas em vários deles.

No centro da sala havia um enorme chafariz em três níveis que respingava água pelo amplo espaço à sua volta, proporcionando um leve borrifo àqueles sentados às mesas ao redor.

Aquele, sem dúvida, era o lugar certo para se estar em Greenfield na hora do almoço.

Após deixarem os nomes na lista de espera com a recepcionista, cuja eficiente conduta demonstrava que tudo estava sob total controle, Rory e Sydney ficaram em pé, espremidos entre uma mixórdia de trabalhadores rurais migrantes, empresários e jovens famílias, todos esperando pacientemente por uma mesa.

Enquanto Sydney estudava o cardápio, Rory notou um homem alto, vestido com uma camisa de linho branco e calças de um negro ao estilo Darth Vader. Sua boa aparência combinava com a vistosa mulher loira e as duas crianças muito bonitinhas – um menino de aproximadamente 10 anos e uma menina ao redor de 6 – que os acompanhavam. Os quatro formavam um grupo atraente e poderiam tranquilamente representar uma família de comercial de TV.

Enquanto todos, aglomerados em torno da recepção, continuavam a aguardar, o homem de camisa branca puxou conversa com um outro que estava por perto. Esse cavalheiro com uma invejável cabeleira grisalha vestia um blazer azul com o botão do colarinho fechado e mantinha uma postura perfeitamente ereta. Para ficar com a metáfora da TV, Rory achou que ele poderia passar por um ator de novela e chamar-se algo como Conrad Halliburton ou Faust Dylan.

Por alguma razão, aquela cena toda foi reconfortante para Rory, que logo buscou uma possível explicação: ali estavam dois homens, provavelmente conhecidos do meio profissional, tirando uma folga de seus afazeres para compartilhar uma refeição com a família. Os bons e velhos valores familiares sobrevivem. Um minuto depois, o distinto cavalheiro e seu acompanhante foram chamados às suas mesas. O primeiro homem despediu-se com um cordial aceno e, mal baixou a mão, seu filho perguntou:

– Você o conhece, papai?

– Sim, ele trabalha no hospital –, o pai respondeu com indiferença.

– Como ele é? –, perguntou o filho.

Sem hesitação, o pai respondeu:

– Ele é um burro.

Uma expressão de espanto tomou conta do rosto do menino e ele replicou:

– Por quê?

– Não sei, pergunte ao homem lá de cima. Ele é um burro.

O menino parecia totalmente perplexo naquele momento, assim como Rory, para quem a imagem do patriarca da família rapidamente desmoronou diante de seus olhos. "Por que alguém diria algo assim a seu filho?" A pergunta ficou dando voltas em sua cabeça, até que, compassivamente, a recepcionista chamou ele e Sydney para uma mesa localizada logo à esquerda do enorme chafariz.

– Vocês dão capas de chuva para quem ocupa essas mesas?, brincou Sydney com a recepcionista. Ela simplesmente sorriu e se afastou. Sem dúvida, ela já deveria ter ouvido aquilo muitas vezes ao longo dos anos.

Com precisão militar, um ajudante de garçom apareceu do nada trazendo copos de água gelada, seguido de uma garçonete que deu um rápido "olá", distribuindo, simultaneamente, os cardápios e uma cesta com lascas de *tortilla* quentes e crocantes. Antes que o recipiente de vime fosse depositado sobre a mesa, a mão descomunal de Sydney cruzou com a mão alva e delgada de Rory dentro da cesta e, para o deleite de ambos, cada uma saiu com um punhado de delícias tostadinhas. Satisfeitos, eles mastigaram em silêncio por alguns instantes, até que Rory olhou para a direita e avistou o tal homem "burro" do comentário e sua família. Tentando desesperadamente tirar a cena irritante de sua cabeça, ele retornou ao assunto em questão: a elaboração de um plano estratégico.

– Então, quais são essas perguntas mágicas que precisamos fazer para elaborar um plano estratégico?, ele deixou escapar entre garfadas.

Sydney colocou seu copo de água abruptamente sobre a mesa e vociferou:

– As perguntas são para o final.

– Do que você está falando?

– Você não viu *Glengarry Glen Ross*?[1]

A reação de Rory se limitou a um olhar de perplexidade.

– Não importa. A questão é que você ainda não está preparado para as perguntas.

O silêncio desceu sobre a mesa, enquanto *De Colores* ressoava através dos antigos alto-falantes do restaurante instalados em cada um dos quatro cantos da sala.

– Então, o quê..., Rory foi interrompido pelo súbito aparecimento da garçonete, que parecia correr como um jato, de mesa em mesa.

– O que os senhores vão pedir?

---

[1] N. T.: *Glengarry Glen Ross*, 1992, é um filme dirigido por James Foley, com roteiro de David Mamet. Tem como atores principais Al Pacino, Jack Lemmon, Alec Baldwin. A história se passa em uma corretora de imóveis tendo como tema a luta encarniçada pelo sucesso entre os corretores. Basta dizer que o título em português é "Sucesso a Qualquer Preço".

Sydney não hesitou.

– Frango *Chimichanga* e um *Tecate*.

Rory, apesar da fome e do desvio de rotina no jantar, não tinha tanta certeza. Ele continuava a estudar o cardápio, o que parecia se prolongar por uma eternidade. A cada segundo que se passava, a tensão aumentava entre ele, a garçonete e o rápido pedido de Sydney. Por fim, ele começou.

– Vou querer o bife e o caranguejo.

– O caranguejo tem um adicional de cinco dólares.

– Hum, bem, que bife você recomendaria? O filé é bom?

A garçonete balançou a cabeça como se quisesse dizer, "sim, é delicioso, podemos ir mais rápido com isso? Tenho mais 37 mesas...".

– Ok, o filé.

– Grande ou pequeno?

– O quê?

– Grande ou pequeno?

– É melhor o grande. Ele sorriu para Sydney, orgulhoso de sua proeza alimentar.

– O senhor quer queijo de rábano ou queijo azul?

– Não, nenhum dos dois. Pode fazer sem?

Furiosa, a garçonete apagou e rabiscou novamente o pedido em seu bloco, quando Rory pegou um copo vazio na mesa.

– Ah, e você poderia me trazer um outro copo, este está meio turvo.

A garçonete respondeu com um aceno positivo de cabeça e pegou o copo.

– Algum acompanhamento?

– Ah, estes são os acompanhamentos, Rory apontou para a seção de entradas no cardápio.

Com isso, a paciência de Sydney chegara ao limite. Ele explodiu como o Monte Santa Helena, agarrou o cardápio da mão de Rory e gritou para a garçonete: Traga-lhe um bife *chimichanga*.

No momento em que Rory retornou à cesta de *chips* quase vazia, ouviu-se um vozerio proveniente da mesa do homem burro. Parecia que o filho se recusava a comer. A mãe implorava repetidamente: "Jack. Por que você não quer comer o seu *taco*, Jack?". Mas o menino permanecia irredutível, com os braços cruzados em atitude de desafio.

Sydney levantou um pouco a cabeça, "ligado" na leve discussão; em seguida, virou-se para Rory e perguntou:

– Então, o que você achou daquela pequena cena entre pai e filho, lá na porta?

– Para lhe ser franco, fiquei chocado. Por que um pai falaria daquela forma na frente de seu filho? Difamar alguém assim. Podia-se ver que o garoto ficou chateado com aquilo, e agora não quer comer.

– E o que isso significa para você?, perguntou Sydney, empurrando-se para trás e deixando as duas pernas da frente de sua cadeira alguns centímetros no ar.

– Que o pai é o verdadeiro b...

– Não!, clamou Sydney.

Rory recostou-se e analisou o que havia acontecido, como ele idealizara a família, as conclusões a que ele chegara com base no que pensava ter visto, e acabou percebendo que aquelas pessoas não eram tão perfeitas quanto ele havia pensado. E então lhe ocorreu:

– Significa que eu tive uma visão superficial da situação daquela família e, baseado nisso, logo fiz algumas suposições sobre aquelas pessoas, mas depois descobri que tais suposições – ou seja, de que se tratava de uma perfeita família *Leave It to Beaver* [2] – não correspondiam à realidade dos fatos.

– Dê uma chance ao homem!, gesticulou Sydney, de forma incisiva, com seus braços avantajados, prosseguindo em seguida.

– Exatamente. Você fez algumas suposições e foi logo tirando conclusões sem questioná-las. Daí a sua surpresa diante da pequena revelação do pai.

Os dois brindaram com seus copos de água em comemoração àquele pequeno avanço e Sydney recostou-se, produzindo um leve aceno de cabeça enquanto observava Rory ao estilo Harry Higgins avaliando Eliza Doolittle em *My Fair Lady*. Em seguida, ele ergueu o garfo, deu uma baforada sobre ele, esfregou-o na camisa para lustrá-lo e prosseguiu.

---

[2] N. T.: *Leave it to Beaver* foi uma série da TV americana, exibida entre os anos 50 e 60, cuja temática abordava uma típica família americana.

– Uma das coisas mais importantes que podemos fazer em *qualquer* situação – empresarial, familiar, social, qualquer que seja – é desafiar as suposições sobre o que estamos pensando ou sentindo naquele momento.

E após uma pausa, ele perguntou:

– Você já fez isso, Newman?

Rory percebeu a oportunidade para outro momento de *rapport* e não queria prejudicar a ocasião por falta de ideias. Além disso, naquele ponto, Sydney tinha razão, ele sentia isso e queria saber mais. "Ahh...", pensou ele, dando um impulso para a frente e, em seguida, voltando a se recostar. Apenas um alarme falso.

Rory estava sentado com os olhos fixos na mesa, sentindo o intenso calor do olhar de Sydney, mas nada tinha a compartilhar. Felizmente, o alívio veio quando a garçonete, de repente, surgiu do nada com a cerveja de Sydney e dois pratos gigantescos. Apesar da rapidez com que trabalhava, ela conseguiu colocar os pratos suavemente em frente aos dois clientes.

– Os senhores desejam mais alguma coisa agora?, perguntou ela.

Rory e Sydney balançaram a cabeça negativamente e pegaram os talheres. Nesse momento, a recepcionista acomodava um outro grupo na mesa ao lado. Três rapazes aparentando vinte e poucos anos, todos trajando camisetas tipo regata encharcadas, shorts amarrotados e tênis, tomaram seus assentos. Para Rory, a impressão era de que eles haviam acabado de chegar de uma pista de corrida ou de uma trilha, e achou estranho que terminassem uma corrida com um *burrito*. "Tem gosto pra tudo", pensou ele, "mergulhando" em seu *chimichanga* frito.

No momento em que ia levando a crocante maravilha à boca, ocorreu-lhe algo. Não fazia muito tempo que ele havia contestado uma suposição, uma atitude que, de fato, fizera uma grande diferença. Rory gostava muito de caminhar e correr nas colinas perto de sua casa e fazia questão de pegar a trilha pelo menos três vezes por semana. Sua rota regular o levava a um morro nas proximidades, o qual ele apelidara de Pico dos Bombeiros, pelo fato de normalmente ser utilizado por bombeiros em treinamento. A caminhada começava com uma superfície plana de terra, que, após mais ou menos uma milha, dava lugar a uma série de subidas em ziguezague. Cerca de meia milha acima, havia uma inclinação de aproximadamente cinco graus que se estendia por um quarto de milha mais ou menos. Rory se desafiava a correr aquele trecho sempre que sua coragem permitia. Sua estratégia normal era subir o íngreme despenhadeiro ziguezagueando, desviando, assim, das concentrações de chaparrais à altura da panturrilha que pontilhavam o centro da trilha e os muitos sulcos que estavam à espreita para pegar os tornozelos desavisados. No entanto, ele achava que o fato de atravessar o chaparral e evitar os sulcos o atrasava consideravelmente.

Recentemente, porém, ele havia contestado a hipótese de que evitar o chaparral e os sulcos fosse a melhor alternativa e decidiu, simplesmente, subir o aclive em linha reta, abrindo caminho através das plantas selvagens que havia por todos os lados e saltando por cima dos sulcos parcialmente escondidos. Embora o risco fosse maior, ele descobriu depois de sua primeira tentativa que, desafiando as suposições, conseguira reduzir seu tempo em 15 segundos. Rory compartilhou sua descoberta com Sydney, que, até aquele momento, ainda não havia levantado a cabeça do prato já quase vazio à sua frente. Sydney passou vigorosamente o guardanapo de papel na boca e disse:

– É exatamente isso que eu quero dizer. Você desafia as suas suposições e enxerga fatos, possibilidades, que não existiam antes. E só então você pode começar a desenvolver o tipo certo de ação.

– Nós precisamos fazer isso na Kitteridge, disse Rory.

– Continue, respondeu Sydney.

– Nós acreditamos saber o que os clientes querem, para onde caminha o mercado, os produtos que terão aceitação, mas não testamos, de fato, nenhuma dessas hipóteses antes de colocá-las em prática.

– Não se pode construir uma estratégia sem isso, gracejou Sydney, agitando um palito espetado entre os dentes.

– Ok, então para mim foi fácil subir o morro; os riscos são baixos, reduzi alguns no meu tempo. Mas como podemos fazer isso na Kitteridge? Como podemos desafiar as nossas suposições? Rory inclinou-se em direção a Sydney, que se recostou mais uma vez e apontou para um pôster na parede do outro lado do restaurante. Rory acompanhou o movimento do dedo que o levou a um cartaz da Budweiser da década de 70, com Ed McMahon e os Clydesdales em suas refinadas vestes de Natal.

– O que Ed McMahon tem a ver com isso?, perguntou Rory, meio confuso.

– Olhe novamente, Newman, Sydney ordenou.

Rory estudou a parede com renovado vigor e encontrou outro cartaz que mostrava um grupo de empolgados adolescentes observando, embasbacados, alguém prestes a saltar do alto de um imenso penhasco em uma asa-delta. Aquilo pouco serviu para despertar qualquer ideia em Rory, que agora olhava fixamente para Sydney.

– Você sabe de onde vem a asa delta, Newman?

– San Diego?

– Não! Leonardo da Vinci. Ele já esboçava os precursores das asas-delta, helicópteros e pontes modernas há quase 500 anos.

– Então, precisamos construir pontes, não muros. Entendo.

Rory balançou a cabeça várias vezes em profunda contemplação, completamente orgulhoso de sua visão filosófica. Mas seu devaneio logo foi interrompido por Sydney.

– Isso é verdade, e uma ideia encantadora... se você estiver participando de um concurso de beleza. Mas é completamente irrelevante para este debate.

Sydney lançou um olhar funesto na direção de Rory e prosseguiu.

– Da Vinci certa vez disse que ele era um *discepolo della esperienza*. Ele fez essa revelação com a típica eloquência italiana, e queria dizer que ele era um discípulo da experiência.

– Em outras palavras..., antecipou Rory.

– Em outras palavras, ele testava suas hipóteses através de experiências reais, colocando-se em campo e vendo como as coisas, de fato, funcionavam. Assim como você em sua corrida, subindo a colina em linha reta, pelo centro.

– Bom trabalho, companheiro, você deixou espaço para a sobremesa?

A garçonete novamente apareceu de repente para retomar suas funções, que incluíam juntar os pratos de Rory e Sydney a uma pequena montanha de louças sujas que ela equilibrava precariamente em sua sobrecarregada mão esquerda.

– Não custa dar uma espiada no cardápio, disse Sydney.

Rory retribuiu com um aceno de cabeça, concordando.

– Ok, trago já. E lá ela se foi novamente.

– Você já andou de metrô, Newman?

– O quê?

– Metrô. Sabe, o sistema de transporte subterrâneo, disse Sydney com uma boa dose de sarcasmo.

– Sim, algumas vezes.

– Já ouviu falar de Bill Bratton?

Rory balançou a cabeça, timidamente. O nome não lhe era estranho, mas ele não o conseguia ligar à pessoa. Rory estava tendo dificuldade para manter a concentração acima do tilintar de garfos, conversas animadas e Garth Brooks interpretando entusiasticamente "Friends in Low Places", uma escolha estranha para o El Mariachi.

Sydney se debruçou sobre a mesa em direção a Rory.

– Bratton compreendia o poder de se abordar suposições profundamente arraigadas. Em 1990, ele foi nomeado chefe do Departamento de Polícia de Trânsito de Nova Iorque e uma de suas primeiras prioridades consistia em combater a criminalidade no metrô. Mas ninguém estava, de fato, interessado ou apoiava sua iniciativa porque, em termos estatísticos, os crimes cometidos no metrô representavam apenas uma minúscula parcela da desordem geral.

Todos achavam que aquele tipo de delito não constituía grandes problemas. Ele decidiu agitar as coisas. Na época, o sistema de metrô era conhecido como o "Esgoto Elétrico", por causa do medo das pessoas de serem abordadas por vagabundos e bandos de pivetes. Era desagradável. Bratton colocou toda a sua equipe, inclusive ele próprio, para andar de metrô dia e noite, para que pudessem ter uma noção da imoralidade que os nova-iorquinos viviam todos os dias. Eles viram com seus próprios olhos o que estava acontecendo, sentiram o medo, perceberam os efeitos de um sistema saturado e mal policiado. Essa impactante realidade mudou as coisas rapidamente.

A história quebrou o desânimo pós-*chimichanga* de Rory, estimulando-o a pensar nas ditas sessões estratégicas que ele e seus colegas haviam realizado na Kitteridge. Quando foi a última vez que algum deles havia "andado no esgoto elétrico"? Quando foi a última vez que eles realmente saíram e tiveram um diálogo significativo com os clientes e uma noção autêntica e reveladora de como seus produtos estavam sendo utilizados? Ele ainda estava catalogando as sessões, quando a garçonete entrou em cena trazendo-lhes o cardápio de sobremesas, verdadeiro e revelador. "Eu recomendo os *platanos machos*, é a minha favorita." Como a fisionomia de nenhum dos dois demonstrou que eles soubessem do que se tratava, ela traduziu. "Bananas fritas. E nós não economizamos na manteiga, no açúcar, ou no Grand Marnier", completou orgulhosamente. Rory e Sydney se entreolharam, parecia bom, mas depois de um prato de *chimichanga* com arroz e feijão poderia resultar em um cochilo na Rodovia 101, o que não seria bom para ninguém. Por isso, eles resolveram não pedir.

Rory voltou ao seu exame crítico das reuniões estratégicas do passado na Kitteridge e percebeu que não só eles não enfrentavam os fatos desafiando seus pressupostos, como quase sempre falavam sobre os mesmos velhos assuntos, sem contribuir com quaisquer novas informações. "Como poderiam desafiar suas suposições e conhecer o seu ambiente sem agregar novas informações?", ele se perguntava.

A pergunta vinha martelando em sua cabeça, até que ele resolveu trocar algumas ideias com Sydney.

– Então, para realmente ir fundo em nossas suposições, primeiro temos que recolher algumas informações, certo? Obter um retrato da situação, saber quem pensa o quê, e depois explorar essas variáveis para ver a que resultados chegamos.

Seria o sol refletindo na água do chafariz ou havia um brilho nos olhos de Sydney? Rory não conseguia decifrar a expressão ao certo, mas tinha quase certeza de que Sydney ficara impressionado, batendo com sua avantajada mão sobre a mesa.

– Agora você está chegando a algum lugar, Newman.

– Então, que tipo de informação é a melhor?, perguntou Rory.

– Olhe pela janela e me diga o que vê.

Rory se concentrou, olhando através do vidro opaco para o outro lado da rua, seguindo um beco que cruzava a fachada de duas modestas lojas, e mais adiante uma nesga de terreno cheia de capim, até que seu olhar se deteve em uma suave encosta. Rory começou a vasculhar desesperadamente seu dicionário mental. "Bucólico... idílico... campesino... rústico... lindo, não, lindo não está bom...".

Depois do que para Rory pareceu uma interminável passagem do tempo, Sydney interrompeu:

– Você estava vendo aquela linda encosta lá longe?

– Bobagem!, Rory pensou, lindo estava bom o suficiente.

Com os lábios cerrados, ele disse:

– Sim, estou.

– O que essa imagem leva você a se perguntar ou imaginar?, Sydney indagou.

Rory fitou mais uma vez o penhasco com suas árvores e começou seu repertório de perguntas:

– Que tipos de árvores são esses?

Elas provavelmente não recebem muita chuva. Qual a quantidade de vegetação existente lá? Quanto tempo seria necessário para subir correndo até o topo?

Com um semblante cansado, Rory voltou-se para Sydney, esperando sua reação.

– Ok, essas são perguntas, e eu gosto daquela sobre quanto tempo levaria para subir correndo até o topo, porque é criativa, um pouco fora do comum. É isso que você tem que fazer quando está colhendo informações, Newman, olhar além do lugar-comum, buscar uma nova perspectiva.

– Ok, então o que você perguntaria?, provocou Rory com um gesto em direção à janela.

Sydney não hesitou.

– Como a topografia se formou? Quantos e que tipos de animais vivem nesse lugar? Como a paisagem mudou ao longo dos últimos cem, dos últimos mil anos? Se você olhasse atentamente, conseguiria encontrar uma pepita de ouro ou qualquer outro metal precioso lá? Que tipo de alimento cresce nessa região? Quanto tempo o ser humano e o animal mais rápido teriam levado para atravessá-la? Esse local foi palco de alguma grande batalha? Quantas queimadas o devastaram? Quantos aviões sobrevoam a área em um único dia?

Sydney tomou fôlego, o que sugeriu que ele estava apenas começando a divagar, mas Rory se mantinha focado.

– Ok, ok. Bem interpretado. Mas, na Kitteridge, nós não estamos olhando as encostas, por mais lindas que elas possam ser. O que devemos perguntar?

– O mesmo princípio se aplica. Cavar fundo e buscar algumas perguntas que realmente irão desafiá-lo e iluminar o seu caminho.

O número de possibilidades é tão grande quanto a quantidade de matacões lá naquela encosta.

Sydney fez uma pausa ao perceber o semblante de Rory diante de si, uma expressão que lembrava a de um pequeno pardal que busca desesperadamente receber alimento de sua mãe.

– Ok, Newman, aqui vão algumas para aguçar o seu apetite: Quais são os seus produtos mais bem-sucedidos? Por que eles são tão bem-sucedidos? O mesmo vale para as maiores falhas: quais são elas e por que ocorreram? Qual o maior problema que os clientes enfrentam ao utilizarem os seus produtos?

Que clientes utilizam o seu produto da forma mais inusitada? Ainda conseguiríamos atender às necessidades da maioria de nossos clientes se eliminássemos, digamos, 25% dos custos de nosso produto? O discurso de Sydney tinha a cadência de uma metralhadora e a impressão era de que ele seria capaz de se estender o dia todo falando sobre o assunto, mas percebendo que o fogo cerrado estava subjugando Rory, ele concluiu: Com isso, você já poderá começar.

A conta rapidamente chegou à mesa, arremessada pela impetuosa garçonete que os deixou com um fugaz "obrigada, tenham um bom dia", saindo em disparada. Um impasse momentâneo se seguiu, visto que ambos dirigiram um olhar cauteloso para o pedaço de papel. Até que Rory o pegou, abriu um sorriso para Sydney e pulou da cadeira. Sem querer, ele colidiu com o tal homem "burro" do comentário e sua família, que se dirigiam para a porta. Trocaram meios sorrisos, Rory estendeu o braço concedendo passagem à família, e eles seguiram seu caminho. Depois, Rory parou e olhou para as costas da alva camisa do sujeito, impressionado com o quanto ele, sem trocar uma única palavra com Rory, havia lhe ensinado.

9
Alcançando o Objetivo Principal

Rory e Sydney caminharam pesadamente pela calçada e entraram no carro com seus estômagos cheios. O interior, banhado pelo sol e aconchegantemente aquecido, era um verdadeiro sonífero combinado com um pesado almoço.

Alguns respingos de água fria no rosto teriam sido o antídoto perfeito, porém, na falta dessa opção, Rory balançou a cabeça violentamente ao estilo de cães e gatos. O gesto produziu uma parte do efeito pretendido; a outra, veio através do zumbido de seu telefone, alertando para a chegada de duas novas mensagens de correio de voz. A primeira, deixada enquanto ele e Siydney estavam almoçando, era de um certo Jim Tobin, que no frenético ritmo de curtas e deliberadas rajadas, dizia: "Rory... é Jim... é o seguinte: nós estamos discutindo esse assunto aqui e precisamos daquele relatório sobre o planejamento estratégico quanto antes... em três dias, não cinco. Você pode entregar, Rory? Temos que deslanchar com isso, precisamos atrair a atenção da nova equipe e alcançar rápidas vitórias. Você pode entregar? Estamos contando com você. Ligue-me se tiver qualquer dúvida, mas, enfim, estamos esperando o relatório em três dias. Obrigado".

As chances de Rory esquecer aquela mensagem eram menos prováveis do que as de Sydney ser confundido com um mordomo inglês, mas, ainda assim, ele pressionou o 9 no teclado de seu telefone, salvando-a. E antes que ele pudesse processar as ideias, entrou a mensagem seguinte:

"Oi, sou eu. Onde você está? Você deve sempre manter o seu telefone com você. A Henrietta ligou apenas para nos lembrar de que o pagamento para a agência vence na próxima semana. Ela deu a velha desculpa de tratar-se de um procedimento de praxe, mas nada vai para a frente enquanto o cheque não é compensado. Está tudo bem no trabalho, não está? Não há problema em fazer o cheque?". E após uma longa pausa ela concluiu: "Estamos indo buscar as cadeiras agora, me ligue à noite. Te amo".

Uma torrente de pensamentos tomou conta da mente de Rory: três dias... o pagamento vence na próxima semana... problemas no trabalho. Seu modo preferido de processar os problemas difíceis era pegar uma trilha e deixá-los martelar em sua cabeça enquanto ele corria por um caminho pedregoso, mas isso, obviamente, era impossível. Subir e descer a Apple Avenue, em Greenfield, em seus mocassins de couro certamente era uma maneira de render olhares confusos, mas pouco discernimento. Rory olhava fixamente para a frente, segurando o volante que fumegava de tão quente, quando Sydney, de repente, perguntou: "Será que estamos saindo ou o quê?"

De volta à Rodovia 101, apenas o barulho ritmado dos pneus do carro trilhando um caminho reto no asfalto invadia o interior do C230, pois tanto Rory quanto Sydney tendiam a se isolar em seus jardins mentais. Sentados em silêncio, os dois mal moviam um músculo sequer. Os movimentos de Rory se limitavam a pequenas correções do volante, enquanto Sydney, sucumbindo ao casamento de uma enorme refeição e o sol da tarde quente, demonstrava a inconsciente agitação de um sonhador.

Obviamente ele não era capaz de ler os pensamentos do companheiro, mas Rory tinha certeza de que a corrente de pensamentos que envolvia a mente de Sydney era consideravelmente mais branda do que as ondas que castigavam a sua.

Uma onda de inveja invadiu-lhe os ossos, mas ele tratou de se livrar daquele sentimento. "Eu posso fazer isso. Eu posso fazê-lo." A breve e animadora conversa proporcionara apenas um alívio momentâneo, e logo ele estava novamente coçando a cabeça e se perguntando: "Mas como?"

Rory chegou à conclusão de que, para ir em frente, ele precisava primeiro descobrir de onde viera. O que ele havia aprendido até então? Ele puxou várias vezes o ar na tentativa de acelerar o seu ritmo de raciocínio, recapitulando os acontecimentos do dia que haviam se desenrolado diante de si. As últimas seis horas haviam sido tumultuadas. Primeiro veio a notícia da venda, depois a estranha inveja e as advertências veladas de Mark, a notícia daquele desconhecido que o estava acompanhando em sua viagem, o desajeitado começo daquela relação, a aventura no posto de gasolina, e, naturalmente, as lições que Sydney lhe transmitira.

Quais foram essas lições? Ele conseguiria enumerá-las?

Ele seria capaz de documentá-las efetivamente para compartilhar com Jim Tobin? E assim, ele começou a enumerar os ensinamentos: "Você tem que começar com uma definição coerente de estratégia, todos devem estar em sintonia para que o processo possa funcionar." Muito bem, ok, e depois? O processo em si é falho na maioria das empresas.

Eles criam uma longa lista de boas-intenções ou produzem mais de cem páginas de documentos com gráficos, tabelas e letras minúsculas que não levam a nada e só servem para entravar o processo por excesso de análise". A linha de pensamento de Rory foi interrompida por uma rápida olhada no velocímetro, que já passava dos 130 Km por hora. "Eu deveria usar o controlador de velocidade", pensou ele, mas optou por aliviar a pressão no pedal e continuar com seu monólogo interior. "Então, como se corrige o processo? Começa-se com uma mente aberta e disposição para desafiar os pressupostos sobre a atividade em questão.

E como se faz isso? Testando as hipóteses; andando no esgoto elétrico como Bratton em Nova York. Isso serve para lhe abrir os olhos. E então, antes de partir para a criação de uma estratégia, você reúne informações, faz perguntas criativas que servirão para lhe mostrar o estado das coisas e como você gostaria que elas fossem."

Uma inquestionável sensação de realização e orgulho começou a brotar em Rory, e ele estava progredindo, trilhando o caminho certo. Mas dali, para onde ele iria? Qual seria o próximo passo? Só poderiam ser as questões fundamentais sobre a atividade em questão e que Sydney havia sugerido como fundamentais para o processo.

Não as perguntas que você desenvolve durante a coleta de informações, aquelas que dão forma ao processo, mas as perguntas básicas, primárias e essenciais que levariam à elaboração de sua estratégia.

Enquanto Rory continuava a lutar com o passo seguinte em seu caminho, toda a sua atenção subitamente se voltou para um novo e urgente desafio, quando um grande pedaço de madeira se soltou da caçamba de uma caminhonete Toyota que trafegava à sua frente. Como um elefante enlouquecido, o enorme míssil de madeira rolou em direção ao seu carro e certamente causaria incalculáveis danos em questão de um segundo ou menos. Instintivamente, Rory girou violentamente o volante para a direita, ultrapassando o acostamento e jogando o carro sobre uma faixa de pedregulhos de, no máximo, dois pés de largura. Lutando bravamente para controlar o carro, que agora parecia estar fora de seu controle e reagia como uma fera perseguida na selva, ele conseguiu retomar o comando do veículo aplicando a pressão correta nos freios e manipulando suavemente o volante. A adrenalina ainda circulava descontroladamente em suas veias quando ele arriscou uma olhada pelo retrovisor e avistou a desgovernada tora de madeira finalizando sua trajetória no meio da estrada.

A essa altura, a posição de Sydney em seu assento era totalmente ereta, a ponto de sua bandana alaranjada roçar contra o teto com os solavancos do carro. Os dois ainda permaneciam em silêncio, atordoados, quando passaram por um conjunto de placas anunciando sua chegada a King City.

Era a combinação habitual de um pequeno bloco de símbolos indicando a presença de postos de gasolina, restaurantes e outras comodidades, inclusive, nesse caso, o campo de golfe da cidade. Rory sempre questionou esses sinais, não a sua funcionalidade, mas a sua produção artística. Tomemos, por exemplo, o sinal de viajante cansado, que sempre lhe pareceu a antítese de uma imagem reconfortante: um boneco com a cabeça em forma de círculo e sem o pescoço para conectá-la ao corpo deitado sobre o que parece ser uma placa de concreto. Será que não conseguiriam inventar algo melhor?

Depois que Sydney recuperou completamente a consciência abalada pela traiçoeira tora de madeira desgovernada, Rory decidiu que estava na hora de prosseguir com a análise do planejamento estratégico. E virando-se incisivamente para o seu passageiro, ele disse:

– Pois bem, eu sei qual é a próxima etapa.

Sydney reagiu a tal proclamação como se fosse uma estátua de mármore. E Rory, então, prosseguiu:

– Chegou a hora das perguntas. Plantamos as sementes, por assim dizer, criando uma definição coerente de estratégia, examinando e desafiando nossas suposições e colhendo informações. Passemos agora às perguntas, correto?

– Você viu a placa lá atrás?, Sydney perguntou.

– Aquela para King City?

– A que indicava o campo de golfe.

– Sim, por quê? Rory deixou transparecer sua frustração diante do desvio aparentemente insignificante do assunto, mas Sydney, impassível, prosseguiu.

– Alguns anos atrás eu participei de um daqueles torneios de golfe dos "famosos" em Palm Springs. Cara, o vento uivava nesse dia, devia estar soprando a uns 80 quilômetros por hora. Enfim, a nossa celebridade era o Maurice Mallet. Lembra dele?

Sydney percebeu uma vaga expressão de reconhecimento do nome no rosto de Rory, pelo menos o suficiente para continuar com sua história.

– Cara, aquele homem trapaceia como louco. Ele estava se dirigindo ao *fairway* (parte lisa do campo de golfe) em seu carrinho e para montar uma pontuação para o buraco, só isso. Todos nós tentamos demovê-lo da ideia, mas foi inútil. Nós tínhamos um buraco na volta nove, deveríamos ter 18 *putts*, e ele nos dá um *birdie* (a pontuação de uma tacada abaixo do par em um buraco).

Graças à criativa contagem de pontos de Mallet encerramos a rodada com 56 tacadas e ganhamos todas. Chegamos ao clube, assinamos o nosso cartão sob a tremenda pressão de Mallet, e o cara lá se vira e diz: "Maurice Mallet trapaceia!" E depois de confabularem, eles nos colocaram em terceiro lugar, em vez de primeiro.

"Mas o que será que isso tem a ver com o quê?", Rory murmurou consigo mesmo. Ele sinalizou para a direita, e o carro entrou suavemente na faixa número dois, ultrapassando um *trailer* antigo, um verdadeiro cortiço sobre rodas obstruindo a parte externa da estrada. Com o carro de volta ao seu curso, lançou um olhar cético para Sydney, que imediatamente reconheceu sua expressão facial.

– A questão é que há mais uma coisa antes das perguntas, interrompeu ele abruptamente, passando os dedos no rosto com barba por fazer. Você tem que examinar o seu objetivo principal, a sua missão.

– E o que isso tem a ver com Morris com o *mullet*? Perguntou Rory exasperado.

– *Maurice the Mallet*. Pensei que você soubesse de quem se tratava Newman?

Após uma pausa, Sydney continuou sua narrativa.

– Toda pessoa e toda empresa é orientada por algum tipo de bússola, o seu objetivo principal, sua razão de ser, a sua *raison d'être*. A bússola interior de Maurice estava muito fora de compasso, o que o levava a tomar más decisões que acabavam lhe custando caro. E isso não é só em um jogo de golfe. Acabei de ler que ele foi apanhado em um investimento fraudulento e pode ir para a cadeia. A bússola dele estava totalmente desajustada.

– Ainda não estou entendendo, Sydney.

– Missão e estratégia sempre andam juntas. Uma não existe sem a outra. Antes de criar uma estratégia, você tem que perguntar: por que existimos? Qual o nosso objetivo principal? Qual o norte verdadeiro da nossa bússola? E só então você poderá desenvolver uma estratégia, as suas prioridades mais amplas, e chegar à sua missão. A missão é o ponto vital da estratégia; é o núcleo da roda da estratégia. Ele serve de orientação para todos na empresa e permite que os líderes expliquem a importância das decisões que eles tomam. Eu usei Maurice como exemplo porque, infelizmente, seu objetivo principal era claro: vencer a qualquer custo. Isso o levava a adotar certas prioridades e atitudes, sua estratégia, em outras palavras, a qual consistia em trapacear e buscar atalhos, e nós sabemos para onde isso o levou.

Percebendo que seria necessária uma mensagem mais positiva para reforçar seu argumento, Sydney continuou.

– Esse é um exemplo dramático e, sem dúvida, negativo, mas a grande maioria das pessoas e empresas usa o seu objetivo principal para o bem. Veja John Browne. Como CEO da British Petroleum, ele dizia que o objetivo da empresa era o que eles eram. Representava aquilo para o qual a empresa existia, e o que eles estavam dispostos a fazer e não fazer, para alcançá-lo.

E adotando um tom autoritário, Sydney completou:

– Procure o seu verdadeiro e nobre objetivo, Newman, e a estratégia será uma consequência.

Após uma breve pausa, sem dúvida destinada a produzir um efeito dramático, Sydney se virou e, com as sobrancelhas levantadas, disse:

– Vocês têm uma declaração de missão na Kitteridge, não têm, Newman?

Rory sorriu e acenou com a cabeça como se dissesse: "Claro que temos; que pergunta ridícula". No entanto, ele estava bastante ciente de que precisava imediatamente recordar a referida declaração porque era apenas uma questão de tempo, mais provavelmente de segundos, para que Sydney exigisse que ele a relatasse. E daí? Era como perder um molho de chaves dentro de casa, você sabe que o viu, mas onde? Como poderia simplesmente desaparecer? Ele tinha certeza de que a missão estava em um cartaz na área da recepção, bem como no estranho *mouse pad* ou na caneca de café na cozinha.

Então, em um momento de introspecção, um *flash* de palavras e frases lhe passou pela cabeça: aumento de participação, participação de mercado... produtividade.

– Então?, perguntou Sydney em cima da bucha.

Rory fizera diversos discursos e apresentações espontâneos ao longo dos anos e não se sentia deslocado no púlpito, mas não havia por que fingir naquele caso, ele simplesmente não conseguia se lembrar da declaração de missão da empresa.

– Ela enfoca participação acionária, participação de mercado e produtividade – balbuciou.

– Puxa, quanta inspiração, Newman, você vai ter que me dar um minuto para passar o arrepio.

– O que há de errado com isso?, Rory retrucou instintivamente, um pouco surpreendido com a sua própria defesa.

– Passamos por Palo Alto ainda há pouco, que é famoso por quê?

Rory ficou tenso em seu assento, nada entusiasmado com a perspectiva de uma nova lição de história de Sydney, mas acabou decidindo que era melhor fingir que aceitava. Além disso, aquilo era uma vitória para ele; afinal, seu companheiro de quarto na faculdade era de Palo Alto, tinha fama de ser uma enciclopédia ambulante da cidade e sentia enorme prazer em compartilhar seus conhecimentos com qualquer pessoa que estivesse por perto. E Rory respondeu sem pestanejar:

– Joan Baez, Jerry Garcia, e a Hewlett-Packard, é claro.

– Muito bem, Newman, vejo que você estudou música. Depois de um sinal afirmativo de Rory, Sydney continuou. Vamos nos concentrar na Hewlett-Packard. A empresa começou em 1939 em uma pequena garagem em Palo Alto, na Addison Avenue, eu acho.

Ele parou como que mentalizando cuidadosamente a geografia da cidade antes de prosseguir. Não importa em que rua. A questão é que a empresa criou seu primeiro produto nessa garagem, e começou a construir também algo mais: o seu objetivo central. Anos mais tarde, Dave Packard resumiu esse conceito em um discurso seu. Ele disse: *"Um grupo de pessoas se reúne e existe como uma instituição, o que chamamos de empresa, para que possam realizar em conjunto algo que não conseguiriam realizar isoladamente*

– *elas prestam uma contribuição à sociedade... fazem algo de valor*". Uma contribuição à sociedade, Newman. A sua missão reflete a sua contribuição?

Quando Sydney girou em seu assento para fazer esse grande gesto, seu cotovelo colidiu com o porta-luvas, abrindo-o e deixando cair no chão duas canetas e um bloco de notas adesivas. Ele pegou o bloco de notas adesivas, analisou-o como um antropólogo estuda um artefato nativo, e, em seguida, colocou-o na frente do rosto de Rory, momentaneamente bloqueando a sua visão da estrada.

– Ah, notas adesivas!, Sydney exclamou. Entendeu, Newman?

– Qual é a desse cara?, Rory questionava. "Ele cita generais alemães, é uma espécie de guru dissidente de negócios, especialista em estratégia, e fica empolgado com um bloco de notas adesivas?"

Antes de voltar sua atenção para a estrada, Rory avaliou Sydney com um olhar contemplativo e disse cautelosamente: "Não, eu não entendi, Sydney. A maneira como você pode se dirigir a um maluco que o aborda no meio da rua".

Sydney parecia completamente alheio à voz condescendente de Rory enquanto girava o bloco de notas no ar, divertindo-se com o virar das páginas. Depois arremessou vigorosamente o bloco, que atravessou o carro e caiu bem no centro da moldura do vidro traseiro, posicionado bem na mira do espelho retrovisor de Rory, quase o levando à distração. Mais uma mácula em seu ambiente perfeito, primeiro as impressões digitais encardidas, agora isso. Antes que ele pudesse remoer ainda mais sobre aquela agressão, Sydney, que pouco estava ligando para a localização do bloco, continuou.

– Os blocos de notas adesivas são da 3M. Você sabe qual é a declaração de missão da empresa?

Antes que Rory pudesse responder, não que estivesse prestes a fazê-lo, Sydney prosseguiu:

– *Resolver problemas insolúveis de forma inovadora*. Sabe por que eu adoro isso, Newman? Obviamente, aquela foi apenas uma pergunta retórica, porque, mais uma vez, Sydney seguiu em frente.

– Por três razões. Primeiro, porque inspira mudanças. Sempre haverá problemas que precisam ser resolvidos e essa missão certamente conduziu a 3M à muitos campos que, no momento, sequer são vislumbrados em seus tubos de ensaio. Segundo, porque é um documento elaborado para vigorar por muito tempo, poderia durar mais de cem anos. E, terceiro, porque é de fácil compreensão e comunicação. Isso sem falar em... Sydney tomou fôlego... valor agregado, largura de banda, sinergias, mudanças de paradigma, *mindshare*[1], competências básicas ou tecnologias de ponta.

Em uma perfeita personificação de Don Pardo, o venerável locutor do programa *Saturday Night Live*, Rory pronunciou:

– Tempo agora para a palavra-chave Bingo!

– Sim, Sydney riu. Tudo o que eu precisava era ser proativo, inovador e orientado para resultados para ganhar o conjunto de sala de três peças!

O vírus da bobeira é conhecido por infectar as viagens rodoviárias, e Rory e Sydney foram subitamente atacados pelo vírus do riso. A referência a Don Pardo desencadeou uma onda de lembranças e debates sobre o *Saturday Night Live*: quem era o melhor no *Weekend Update*, Chevy Chase, Norm MacDonald ou Tina Fey? Em que anos foram apresentados os melhores elencos? Sydney argumentava veementemente em favor da antiga turma dos anos 70, com Bill Murray, Gilda Radner, e seu favorito, John Belushi, enquanto Rory defendia a época de Phil Hartman e Kevin Nealon. Que convidado musical contabilizou o maior número de aparições? Rory insistia que era James Taylor, mas nenhum dos dois tinha certeza. Como se tivessem ensaiado mil vezes, os dois encerraram a sessão de risos com uma recitação perfeita de "Nós somos dois caras selvagens e loucos!" À medida que as risadas diminuíam como a paisagem vista pelo espelho retrovisor, Rory sentia um incômodo frio correndo-lhe na barriga. Havia algo inacabado ainda.

– E então, como se cria uma declaração de missão – como a da 3M, ou algo que fosse motivo de orgulho para Dave Packard?, perguntou ele.

– Existem muitas opções, respondeu Sydney. Mas a minha favorita é algo chamado Os Cinco Porquês.

– Os Cinco Porquês?

– Sim, você começa com uma declaração básica, "como fazemos isso" ou "como fazemos aquilo", e então você se pergunta cinco vezes por que isso é importante. Após algumas repetições você começa a ver a sua verdadeira missão emergir.

---

[1] N. T.: *Mindshare* é a quantidade de atenção necessária para algo e o tempo gasto a pensar em algo. Também pode se referir ao desenvolvimento da consciência do consumidor sobre um produto ou marca específica na esperança de que eles vão comprar o produto ou marca. Um dos principais objetivos da publicidade e promoção é estabelecer o que é chamado de partes da mente.

Rory contemplou o exercício enquanto ultrapassava um lento caminhão de lixo que trafegava pela faixa de dentro.

O caminhão de cores vivas, extremamente limpo para a função que desempenhava, chamou a atenção de Rory e Sydney, que conseguiram ver sua imagem refletida nas reluzentes calotas cromadas do veículo ao ultrapassá-lo.

– Qual você acha que é a missão deles?, Sydney perguntou.

Rory deu de ombros. Além da óbvia resposta de "coletamos lixo", ele não sabia o que dizer.

– Tente os Cinco Porquês, sugeriu Sydney. Finja que é o CEO da empresa.

– Tudo bem, Rory concordou. "Coletamos lixo."

– Por que isso é importante? Sydney atacou.

– Para manter a cidade limpa.

– Por que isso é importante?

– Para ajudar a proteger o meio ambiente.

– Por que isso é importante?

– Sustentabilidade, crescimento econômico... Rory foi tropeçando um pouco, mas a lição foi tomando forma. Ele fez uma pausa enquanto reunia mentalmente os seus porquês, e, em seguida, disse:

– Que tal? Contribuímos para um meio ambiente mais saudável apresentando soluções criativas para questões relativas ao gerenciamento de resíduos.

– Gostei. Poderia inspirar mudanças na evolução dos problemas ambientais, é feito para vigorar por muito tempo e eu consigo entendê-lo, não contém chavões. O mais importante é que você pode usá-lo como base para elaborar uma estratégia, para agir e trabalhar para concretizá-la.

– Muito bem, gafanhoto.

Rory sorriu diante da referência ao estilo de *Kung Fu*. Logo, porém, sua mente estava ocupada com outros pensamentos, divagando livremente por um vasto campo de possibilidades em relação à declaração de missão da Kitteridge. Os esclarecimentos de Sydney haviam aberto as portas de um celeiro de inspiração.

Os Cinco Porquês certamente levariam a uma nova missão, radicalmente melhorada, que declarava o seu verdadeiro propósito.

Como de costume, o pé de Rory ficou mais pesado enquanto sua mente se regozijava com as atraentes oportunidades reveladas por aquele exercício simples, e logo o Mercedes estava a mais de 130 quilômetros por hora. De repente, luzes azuis e vermelhas se refletiram no espelho retrovisor, enquanto um som estridente se aproximava rapidamente.

10
Pense Rápido

– Mandou bem, Andretti, Sydney murmurou quando Rory, um tanto atarantado, encostou o Mercedes à beira da estrada, com o coração e a cabeça a mil por hora. Luzes ofuscantes e apitos de sirene sempre geram ansiedade, apesar do fato de que, como a maioria dos cidadãos cumpridores das leis, Rory nada tinha a temer em relação à polícia.

Quando a ameaçadora viatura da Polícia Rodoviária da Califórnia parou atrás dele, a primeira coisa que Rory notou foram as enormes barras soldadas à parte dianteira do veículo e utilizadas para colocar infratores para fora da estrada. As marcas de perseguições passadas eram evidentes pelos profundos arranhões nas grossas barras pretas da viatura. Em seguida, foram as luzes que chamaram sua atenção; tão ostensivas e intensas, de brilho tão ofuscante quando captadas pelo espelho retrovisor. Ele estava encandeado pelo seu brilho quando a porta se abriu e o policial saltou do carro no acostamento. Agora era o som que o intrigava: uma estranha harmonia de tilintar de chaves balançando, o cassetete e enorme coldre com a arma do policial, tudo preso de alguma forma ao seu largo cinto de couro. Na mão, ele trazia uma simples pasta preta com zíper.

Rory ainda estava processando a confusa combinação de sensações quando ouviu alguém bater bruscamente na sua janela. Ele tateou, procurando o controle da janela, esbarrando primeiro no mecanismo de travamento antes de finalmente baixar o vidro e encarar o olhar fulminante do policial.

– Por que tanta pressa?, perguntou o policial com tom de indiferença.

– Eu não estou com pressa, policial.

– Você percebeu que estava a 140 quilômetros por hora em uma área em que o máximo permitido é 110?

– Eu estava correndo tanto assim?

O policial assentiu.

– Vou ter que multá-lo. Os documentos.

Rory estendeu o braço direito em direção ao porta-luvas, batendo no cotovelo de Sydney, apoiado sobre os joelhos. Organizado como Rory era, os documentos deveriam estar facilmente ao seu alcance, em uma carteira, no lado esquerdo do porta-luvas. Entretanto, devido ao fato de o porta-luvas ter-se aberto inadvertidamente levando ao malabarismo de Sydney com o bloquinho de notas adesivas, a carteira havia se deslocado e ficado quase fora do alcance de Rory. Mesmo com o tumulto da intercepção por excesso de velocidade exigindo sua máxima atenção, as tendências perfeccionistas de Rory o levaram a lançar um olhar de desaprovação em direção a Sydney. Ele entregou os documentos ao policial, que os pegou e retornou ao seu carro pelo que pareceu uma eternidade. Rory olhava pelo espelho o tempo todo, acompanhando a movimentação do policial, que parecia consistir principalmente na utilização de seu computador de bordo. Por fim, o policial voltou à janela de Rory e abriu sua pasta. Enquanto ele abria lentamente o zíper, alguns documentos ficaram expostos. Olhando de relance, Sydney viu a pontinha de um determinado papel. Apesar de ter olhado muito rápido, ele estava certo de ter reconhecido as letras "es" grafadas em um formato estilizado, juntamente com as bordas azuis e brancas das ondas do oceano.

– Estamos indo para San Diego, ele anunciou.

Rory virou a cabeça em direção a seu companheiro, obviamente questionando a importância daquele papo-furado naquele caso. Mas Sydney continuou.

– Com a esperança de pegar os Friars... três grandes jogos com os Dodgers.

O policial interrompeu o preenchimento da multa, abaixou-se e meteu a cabeça dentro do carro, obrigando Rory a se esquivar em seu assento.

– O senhor é fã dos Padres?, perguntou ele.

– O meu cachorro se chama Trevor, respondeu Sydney.

– Qual a sua canção favorita?, desafiou o policial.

– Sempre pronto para um pouco de *Hell's Bells*![1] Sydney respondeu.

Rory não sabia como traçar o paralelo. Para ele, aquela conversa parecia algo como um filme antigo em preto e branco com personagens obscuros trocando senhas e apertos de mãos secretos para ter acesso a um *speakeasy* [2].

O policial olhou em silenciosa reverência e disse "mais de 552". E olhando para a sua pasta, ele puxou de dentro o pedaço de papel cuja borda Sydney havia enxergado. Era uma programação da temporada dos San Diego Padres. O policial abriu um largo sorriso, destacou a multa do bloco e rasgou-a. Ele sorriu para Sydney e, em seguida, virou-se para Rory, seus rostos separados por apenas alguns centímetros, e disse: "Observe o limite de velocidade, tá bom, amigo?" Em seguida, virou-se e se foi.

Rory, ainda um pouco ruborizado, virou-se para Sydney e fez a óbvia pergunta:

– O que aconteceu?

– Quando ele abriu a pasta eu pensei ter visto a borda do logotipo do San Diego Padres e presumi que ele torcesse para o time.

– E o que AC/DC tem a ver com isso?

– Eles tocam "Hell's Bells" no sistema de som sempre que Trevor Hoffman, o *closer*, entra em um jogo. Qualquer torcedor de verdade sabe disso.

Enquanto Rory colocava a carteira de volta em seu local habitual no porta-luvas, Sydney contemplou a estrada diante deles e disse:

– É como eu sempre digo, Newman, usando a cabeça você pode encontrar saída para qualquer coisa.

---

[1] N. T.: *Hell's Bells* – primeira faixa do álbum *Black in Back* da banda australiana AC/DC.
[2] N. T.: *Speakeasy* – lugar onde bebidas alcoólicas são vendidas ilegalmente.

11
Um Impulso na Direção Certa

"Raciocinando, você pode encontrar saída para qualquer situação." Rory, que ouvira a frase agora pela segunda vez, refletia, contemplando o pensamento que ele havia cultivado desde que conhecera Sydney e o que o aguardava se ele tivesse que entregar seu relatório a Jim a tempo. Como que programado, seu telefone tocou naquele momento. Era Jim Tobin.

– Rory, é Jim. Onde você está?

Rory olhou pela janela, mas não adiantava muito orientar-se pela paisagem, dado que não havia mudado muito nos últimos 160 quilômetros mais ou menos. Ele não sabia exatamente onde estavam e sussurrou para Sydney:

– Onde estamos?

Sem hesitação, Sydney calmamente respondeu:

– Bradley.

– Acabamos de passar por Bradley, Jim, Rory disse, ao sinal que alertava que a bateria de seu telefone estava acabando.

O ruído das teclas podia ser ouvido pela linha do telefone enquanto Jim digitava em seu computador.

– Vejamos, B - r - a - d - l - e - y... perfeito, é perto de Paso Robles.

Em seguida, Jim fez uma pausa como que se escolhesse as palavras certas e perguntou:

–Você monta?

– Se eu monto? Monto o quê?

– A cavalo. Você sabe montar?

Rory trocou um olhar perplexo com Sydney, cujas sobrancelhas se levantaram quase formando um V invertido.

– Faz algum tempo, Jim, mas, sim, acho que sim. "Algum tempo" era uma estimativa extremamente otimista. Na verdade, ele não montava em um cavalo desde que dera umas voltas em um zoológico aos oito anos de idade aproximadamente.

– Muito bem. Temos um possível novo cliente, Ike Redmond, que simplesmente é louco por cavalos e quer uma reunião amanhã de manhã em uma fazenda em Paso Robles. A presença em suas lojas poderia ser algo muito bom para nós, Rory. Normalmente eu mesmo teria ido, mas já que você está quase lá, e conhece a empresa tão bem quanto ou melhor do que qualquer um, achamos que seria perfeito para você.

Jim prosseguiu com os detalhes e a típica injeção de incentivo do meio corporativo: uma grande conta, uma enorme oportunidade, uma ótima chance para você, e assim por diante, o que Rory acatou sem tanto entusiasmo. Ele era totalmente favorável à captação de um possível grande cliente, mas por que o negócio teria que ser fechado em cima de um cavalo? Após concluir a conversa, Rory voltou-se para Sydney e disse:

– Acho que vamos pernoitar em Paso Robles.

As palavras balbuciadas mal tinham saído de sua boca e Rory já estava se retraindo, prevendo algum comentário substancioso que Sydney pudesse fazer sobre Paso Robles. E, conforme esperado, Sydney não decepcionou.

– "Caminho dos Carvalhos", terra de ótimos vinhos e revigorantes fontes termais.

A observação de Jim serviu para estimular o já elevado senso de urgência de Rory, que, mais uma vez, começou a projetar na tela de sua mente as lições que Sydney lhe havia transmitido: comece com uma definição coerente de estratégia; todos têm que estar em sintonia para que o processo possa funcionar.

A maioria das empresas quer criar uma longa lista de boas intenções ou produzir documentos com 100 páginas de gráficos, tabelas e letras minúsculas que não levam a nada, a não ser à paralisia por excesso de análise. Para corrigir esse processo, você deve começar com a mente aberta e vontade para desafiar pressupostos sobre a atividade em questão. E como você faz isso? Você testa as suas hipóteses, anda no esgoto elétrico como Bratton, em Nova York. Isso serve para lhe abrir os olhos. E então, antes de partir para a construção efetiva de uma estratégia, você reúne informações, faz perguntas criativas que lhe mostrarão como as coisas são e como você gostaria que elas fossem. Em seguida, você cria ou valida a sua missão, que funcionará como sua bússola.

Sydney deu uma espiada em Rory e podia jurar, embora ele parecesse praticamente catatônico, que seus lábios estavam se movendo. A espiada transformou-se em um olhar pleno, mas Rory estava claramente concentrado e não esboçaria reação. Por fim, ele emergiu de seu silêncio profundo e disse:

– Ok, Sr. Espertinho, definimos estratégia, corrigimos o processo pelo teste de hipóteses, reunimos informações por meio de perguntas criativas e, em seguida, criamos ou validamos a missão. Qual o próximo passo? Construímos a estratégia, certo?

A pergunta de Rory foi direta, mas a julgar pelo pouco tempo que os dois estavam juntos, era de se imaginar que Sydney não daria uma resposta simples; ao contrário, sua resposta viria envolta em alguma estranha metáfora ou história esclarecedora. Rory se preparou para o próximo misterioso passo a ser dado.

– Exatamente, você começa a construir a estratégia concentrando-se nas quatro perguntas principais para a criação dela.

Rory, pasmo com a simplicidade da resposta, e percebendo uma brecha na impenetrável armadura, não perdeu tempo.

– Ok, ótimo, então... Antes que ele pudesse terminar, Sydney o interrompeu abruptamente.

– Ei, aqueles são os jovens que vimos em San Jose?

Com certeza, parado novamente ao longo da Rodovia 101 estava o clássico VW Vanagon pelo qual eles haviam passado em San Jose poucas horas antes. O jovem, visivelmente transtornado, circulava em torno da Van, enquanto sua companheira, com jeito de criança abandonada e aparentando surpreendente serenidade, estava sentada na parte traseira do veículo no que parecia ser algum tipo de posição de yoga avançada.

– Pare o carro!, Sydney gritou.

Reagindo instintivamente, Rory pisou no freio e desviou para o acostamento. Em seguida, ele recuou, posicionando o Mercedes poucos metros à frente do Vanagon. Sydney pulou fora do carro instantaneamente.

O jovem automaticamente deu um passo atrás ao ver aquela figura gigantesca, com cachos ruivos balançando em sincronia com suas largas passadas, avançando em sua direção. Mas ao sentir a sinceridade na pergunta de Sydney – "qual é o problema?" –, ele recebeu o brutamontes junto à porta da frente da surrada Van com um forte aperto de mãos.

– Eu não tenho certeza. O motor começou a engasgar e a chiar, e acabou morrendo. Eu consegui vir na banguela até aqui, graças à escassez de tráfego, o rapaz respondeu calmamente.

Àquela altura, Rory já havia se juntado a Sydney, e os dois instintivamente trocaram um olhar confuso. Ele disse "escassez de tráfego"? O sujeito parecia figurante de alguma produção "descolada" de Hollywood, mas falava como um aluno da Ivy Leaguer.

Sydney hesitou diante do motor fervendo e, por mais tentadoras que fossem as possibilidades, fazia muito tempo que ele não sujava os dedos de óleo e graxa. E após alguns "humms" e "ahhs", preparando a plateia que o observava, ele finalmente se manifestou dizendo apenas:

– Bem, você não está longe de Paso. Se conseguisse chegar até lá, você poderia ir a uma oficina.

– E como você sugere que façamos isso?, indagou o jovem austeramente.

Com o olhar fixo no acostamento, o grupo começou a pensar. O jovem começou a circular em torno do veículo, aparentemente seu método preferido para a busca de soluções. Infelizmente, após três voltas em torno da Van, os demais já estavam incomodados. Então, como que em uma bandeja de prata legítima, ou, melhor dizendo, uma tela de prata, a solução se apresentou a Rory.

– *Little Miss Sunshine!*

Rory tentou explicar melhor a entusiasmada afirmação, recebida com olhares inexpressivos.

– Ninguém aqui assistiu ao filme *Little Miss Sunshine*?

– É filme americano?, perguntou a mocinha, em suas vestes de algodão branco, proferindo suas primeiras palavras ao grupo. Antes que Rory pudesse responder, ela continuou: "porque se for, não o vimos. Assistimos somente a filmes estrangeiros e principalmente dos mestres Fellini, Bergman, Kieslowski. Como vocês interpretaram *O Decálogo*?"

Considerando a moça voto vencido àquela altura, Rory virou-se para Sydney e o jovem. "Em *Little Miss Sunshine,* eles têm uma van igualzinha a esta, e ela quebra exatamente como a sua.

Então eles a empurram, deixam que ela atinja cerca de 30 quilômetros por hora, soltam a embreagem, o motor pega, e todos correm e pulam dentro dela."

– Brilhante ideia!, gritou o jovem, novamente causando admiração a Rory e Sydney. Rory correu até o Mercedes e, sem tráfego à vista, deu marcha-a-ré, encostando-o na traseira da Vanagon, preparando o terreno para a operação.

Concluíram rapidamente que a moça pouco poderia contribuir em termos da força bruta necessária para colocar a Van em movimento; por isso, ela tomou o assento do motorista, agarrou o volante e ficou aguardando que o veículo alcançasse os 30 km por hora. Os outros três tomaram suas posições na traseira do carro e, ao comando de "um, dois, três, vai!" de Sydney, começaram a empurrar. Em um ou dois segundos as duas rodas começaram a girar, lentamente no início, mas ganhando impulso a cada sucessivo empurrão.

Como uma engrenagem em movimento constante, a Van ganhou impulso e logo estava rolando fácil e livremente ao longo do acostamento. Ao comando de Sydney, o rapaz correu para a frente, a moça passou para o banco do passageiro, a embreagem foi acionada e a Van, depois de emitir uma série de ruídos e misteriosas engasgadas, começou a engolir a Rodovia 101. Um caminhão de entregas de móveis foi forçado a desviar da Van, mas, tirando isso, a "decolagem" foi tranquila. Duas mãos gesticulando freneticamente, uma de cada lado da Van, marcaram a entusiasmada despedida do casal.

Como pais orgulhosos vendo seus filhos saírem do ninho, Rory e Sydney contemplaram em silêncio enquanto a Van se distanciava, desaparecendo gradativamente.

– Bons meninos, Sydney suspirou.

– Sim, foi o que Rory simplesmente respondeu. Os dois seguiram o rastro invisível da Van por mais alguns instantes e depois voltaram para o carro, onde Rory rapidamente pegou o bloquinho de notas adesivas caído sobre a moldura do vidro traseiro, e logo estavam nos arredores de Paso Robles.

Não é preciso ser detetive para que logo se perceba que Paso Robles é a terra do vinho. As pistas estão por todos os lados: chamativos *outdoors* anunciando vinhos e oportunidades de degustação, placas menores e, para alguns, mais sofisticadas indicavam as lojas das vinícolas, e, naturalmente, os hectares de vinhas em ambos os lados da Rodovia 101, com suas fileiras generosas e sedutoras crescendo a cada segundo sob o sol quente da Califórnia central.

– A noite está convidando a saborear um Cabernet, declarou Rory, imaginando-se sentado em um restaurante com o nariz debruçado sobre uma grande taça de vinho de inebriante e aveludada perfeição.

Foi preciso um movimento brusco de cabeça para trazê-lo de volta ao momento e fazê-lo recordar rapidamente onde ele e Sydney haviam parado antes de sua obra de bons samaritanos.

Ele estava apreensivo diante da possibilidade de Sydney simplesmente desandar a descrever as etapas seguintes do processo de planejamento estratégico com a precisão de uma máquina. Afinal, ele havia respondido à última pergunta de Rory de forma muito decisiva: "Sim, a próxima etapa do processo é iniciar a construção da estratégia, concentrando-se nas quatro perguntas fundamentais para a sua criação". Foi isso que ele disse. Rory, então, resolveu refrescar-lhe a memória.

– Então, Sydney, você disse que o próximo passo é...

– Eu já lhe respondi lá atrás, interrompeu Sydney mais uma vez, antes que Rory pudesse terminar sua frase, um hábito que já estava se tornando cansativo, pensou. Irritantes tendências à parte, Rory agora estava diante de um problema maior: mais um enigma de Sydney.

Rory decidiu que a persistência era a sua maior aliada: "o próximo passo é responder às perguntas, certo?"

– Eu já lhe respondi lá atrás. Lembre-se, observe e raciocine, Newman. Ele fez uma pausa e repetiu: "Eu já lhe respondi lá atrás".

Aquiescendo zelosamente com um aceno de cabeça, Rory repassou a cena em sua mente, do instante em que ele fez a pergunta até o momento em que a Van desapareceu, bem como todos os pontos intermediários.

O ponto alto nesse minidrama foi o impulso em conjunto que fez a Van andar novamente, e Rory estava convencido de que essa era a chave para aquela charada.

– Colocar a Van de volta na estrada, certo? Ele olhou rapidamente para Sydney.

– Está quente, foi a sucinta resposta.

– Empurrar a Van.

– Mais quente.

Tentando buscar associações em tudo o que vira, uma ciranda de palavras começou a girar na mente de Rory, mas em qual delas ele deveria se deter e parar o carrossel? Por fim, ele gritou como se estivesse tentando superar a gagueira:

– Impulso!

– Bingo! Os braços de Sydney se ergueram bruscamente, com as articulações dos dedos batendo no teto solar e produzindo um barulho surdo. Após sacudir as imensas mãos no intuito de se livrar da dor, e criando uma brisa fresca no banco da frente, Sydney prosseguiu:

– O que é esse "impulso", que seria o próximo passo no processo?

– Bem, o "impulso" significa conduzir ou impulsionar ou, ainda, energia, por isso eu acho que é..., Rory hesitou. O temido pé de chumbo induzido pela concentração voltou a se manifestar, fazendo o carro deslizar sobre o asfalto a mais de 120 quilômetros por hora. Ele aliviou a pressão no acelerador, pois não havia tempo para ser interceptado novamente pela Patrulha Rodoviária da Califórnia, e retomou seu raciocínio. Então, eu acho que significa gerar algum tipo de impulso... Suas palavras iam sumindo à medida que ele ponderava suas implicações.

– Certo, declarou Sydney. Pense no seguinte. Toda empresa caminha em alguma direção sob a ação de um impulso, ou de um movimento para a frente. Nesse ponto do processo, você tem que determinar o que impulsiona a atividade em questão. Porque quando você faz isso, o processo decisório fica muito mais fácil. Fica muito mais simples decidir o que fazer e o que não fazer, onde empregar e onde não empregar os seus recursos.

– Tudo bem, isso faz sentido, mas como você sabe o que o impulsiona?, perguntou Rory.

– Normalmente é uma entre seis variáveis. Você está preparado, Newman? Pronto para acionar o botão vermelho do velho gravador em sua cabeça?

– Sim, acho que consigo.

– Como eu disse, é uma entre seis variáveis, seis possíveis áreas de foco estratégico que o impulsionam. A primeira é a de produtos e serviços. Se o seu objetivo são os produtos e serviços, a primeira coisa que você tem a fazer é procurar melhorá-los. Você pode vender para muitos mercados ou clientes diferentes, mas é sempre o mesmo produto básico. No futuro, você pode modificá-los ou ampliá-los, mas haverá sempre uma ligação genética entre as suas ofertas. Veja a Boeing, por exemplo. Seu objetivo é produzir aeronaves. Só isso. Com o seu *know-how* e tecnologia, eles provavelmente poderiam produzir trens ou barcos, mas não o fazem. Eles se concentram nas aeronaves. Outra possível área de foco são os clientes e mercados. Se esse é seu foco, você pode vender produtos diversos, mas estará sempre visando às necessidades de um determinado conjunto de clientes ou mercados. Dessa forma, você pode oferecer mais valor do que, digamos, uma empresa, que esteja tentando produzir algo para todos os possíveis clientes. Vou lhe dar dois exemplos, em segmentos muito diferentes. O primeiro é a *Playboy*. Já viu um exemplar dela, Newman?

Repetindo um clichê que ambos já tinham ouvido mil vezes, Rory e Sydney pronunciaram em perfeito uníssono: "Eu só leio os artigos".

– Muito bem, apenas os artigos. Enfim, o lema da *Playboy* é "entretenimento para homens". Homens, é isso. Esse é o público-alvo.

Isso lhes permite uma ramificação para diferentes setores de produtos e serviços: eles têm a revista, o canal de televisão, os clubes e os hotéis. Mas é tudo entretenimento para homens. No outro extremo do espectro da salutaridade, você tem a Johnson & Johnson, que fabrica produtos para médicos, enfermeiros, pacientes e mães. *Band-Aids* e talco não têm muito em comum, a não ser pelo fato de que uma mãe precisa de ambos.

Rory estava diligentemente absorvendo as palavras de Sydney, mas um pouco preocupado em ter que recordá-las todas. Os exemplos eram de grande valia, mas ele se perguntava se poderia gravar a conversa, talvez usando o gravador de voz de seu telefone. "Não, muito complicado. Eu nunca consigo achar o menu. Eu deveria sempre portar comigo um gravador de voz – lembrete: comprar um gravador de voz."

– Você está acompanhando o meu raciocínio, Newman?, Sydney resmungou.

– Sim, sim, produtos e serviços, clientes e mercados. O que mais?

– Tudo bem então. Outro foco que poderia impulsionar o negócio é a capacidade ou o conjunto de competências essenciais. Pense em um avião ou em um hotel. Nesse caso, o foco consiste em ocupar os assentos e os quartos. O avião vai decolar com 50 ou 150 passageiros. Eles querem utilizar sua capacidade. Operar a plena capacidade é fundamental para seu sucesso.

O mesmo acontece com o conjunto de competências essenciais: você deve se concentrar nas suas competências específicas. Quando eu era criança, havia uma empresa na cidade chamada Atlantic Spring and Machine. Meu velho pai adorava aquele lugar. É sério. Tudo o que precisasse de conserto, desde um velho para-choque de automóvel até uma cesta de basquete, ele levava lá. Eles possuíam um determinado conjunto de competências que lhes permitia trabalhar em uma série de coisas diferentes, desde que tivessem os respectivos equipamentos e ferramentas.

Rory se animou nesta última parte.

– Mas qualquer coisa para qualquer um é uma receita perigosa, não é? Digamos que eu seja uma empresa de consultoria e minha competência essencial seja a venda de conhecimento. Eu poderia jogar a rede para todo o mundo, mas o que, de fato, me distingue?

– Você tem razão. O olhar de Sydney para Rory subentendeu um cumprimento.

– Você seria mais bem-sucedido se direcionasse a sua competência para uma área específica, talvez comercialização de piscinas ou casas funerárias, ou fábrica de cimento. A questão é o foco.

O Mercedes passou rapidamente por outro *outdoor* de vinícola, este um pouco fora de sintonia com o sabor idílico e sofisticado dos outros. O anúncio exibia um leão de *smoking* segurando uma taça de vinho tinto.

Aparentemente, o protagonista já havia apreciado o conteúdo, a julgar pelas gotas vermelhas escorrendo por seus fartos bigodes. A legenda, em grandes letras brancas, dizia: "O Rei do Vinho". Rory se distraiu ao ver o inusitado anúncio, mas não deixou de avistar uma placa na estrada indicando que Paso Robles estava a apenas 16 quilômetros à frente. Ele estava ansioso para conhecer as demais áreas de foco estratégico que impulsionam uma empresa, antes de parar para pernoitar.

– Ok, continue, ele implorou a seu passageiro.

Sydney estava muito satisfeito em atendê-lo, era óbvio que ele gostava de plateia.

– Algumas empresas são impulsionadas por uma determinada tecnologia à qual tenham acesso. Às vezes, elas sequer têm um produto, apenas a tecnologia diferenciada, utilizada para desenvolver um produto ou uma linha de produtos baseados nessa tecnologia.

Essas empresas criam sua própria demanda. Veja a DuPont. Eles descobriram o *nylon* em 1935, creio, e usaram a sua tecnologia do *nylon* para tudo, de carpetes a meias e até linha de pesca.

– Entendi, tecnologia, disse Rory, sugerindo urgência.

– Está com pressa, Newman? Os conhecimentos que eu estou lhe transmitindo são preciosos. Aproveitando o espírito do local, é como um bom vinho, para ser saboreado, não engolido.

Rory simplesmente balançou a cabeça, concordando.

– Mas, vendo que você é um aluno disposto, vou continuar. Você gosta deste anel? Sydney colocou seu rosado dedo mínimo diante do rosto de Rory.

Rory acompanhou a trajetória do anel quando o braço de Sydney retomou sua posição em seu colo. Apesar de seu tamanho substancial, Rory não conseguiu identificar exatamente o que havia na gravação. Na melhor das hipóteses, era uma imitação grosseira de algo possivelmente usado por Keith Richards.

– Sim, é lindo.

– A minha namorada me deu. Eu sei que é um pouco cafona, mas ele representa o nosso amor, por isso uso-o com orgulho. Ele parou, perdido em pensamentos e, em seguida, continuou. – De qualquer forma, ela comprou isso naquele canal de compras, QVC, eu acho.

– E por que isso é relevante?, perguntou Rory.

– É *relevante* porque a QVC representa uma outra área de foco.

Um olhar gélido foi lançado na direção de Rory.

– Eles não são definidos por seus produtos, tecnologia, grupo de clientes ou competências. Sua grande força está nos canais de vendas. Você pode comprar qualquer coisa, de *jeans* a árvores de Natal, mas através de canais específicos. Minha namorada comprou isto pela TV. A Amway é outro exemplo de empresa movida por suas vendas e seu canal de distribuição. Eles movimentam diversos produtos através do sistema, não importa o quê, o que importa é como.

– Então, aí estão cinco, e qual é a sexta área?

– Matérias primas. Como as empresas de petróleo. Se vem de um barril de petróleo, eles produzem. As empresas de mineração também são bons exemplos.

– Então deixei-me lhe perguntar o seguinte, Rory começou. Fazemos produtos, temos clientes e mercados, empregamos certas tecnologias e utilizamos canais de vendas e de distribuição. Você está dizendo que devemos ignorar todas essas variáveis, exceto uma? Isso não faz sentido.

– Hamlet.

– Haja paciência! Vai começar tudo de novo!, pensou Rory, cravando as unhas no volante de couro.

– Sê fiel a ti mesmo. Foi o que disse Polônio, em Hamlet, e é isso que as empresas têm que fazer. Ser leais com elas mesmas. Uma das seis áreas das quais acabei de lhe falar tem que ser básica e fundamental, o seu alicerce, a área à qual você permanece fiel, independente do que aconteça. E então você pode decidir o que fazer e, tão importante quanto isso, o que não fazer. Você pode decidir como investir os seus preciosos recursos, como dinheiro, tempo e pessoas. Você continuará de olho nas outras áreas, é claro, mas tem que se manter focalizado em uma.

Depois de uma pausa, Sydney acrescentou: "Faz sentido?"

– Cultura inglesa não é a minha especialidade, de modo que a referência a Hamlet é demais para mim, mas, sim, no geral, eu entendo. É tudo uma questão de foco.

Rory havia estado em Paso Robles em duas ocasiões anteriores, com Hannah, em escapadas de fim de semana que deixaram muitas lembranças boas. Eles ficaram no mesmo hotel nas duas viagens, daí Rory ter automaticamente conduzido o carro em direção ao The Vine View Manor. Após estacionar entre dois Ford Taurus, alugados, pensou, ele e Sydney desceram do carro. Como dois gatos despertando de uma longa soneca ao sol, eles esticaram os braços para o céu em ritmada vibração, exorcizando os efeito da longa viagem.

– Vá em frente. Nos encontramos no *lobby* amanhã de manhã, às oito, disse Rory quando Sydney começou a recolher seus pertences. Com um dar de ombros, Sydney se dirigiu ao *lobby*, enquanto Rory voltou para o carro e começou a fazer uma série de anotações sobre o que acabara por se transformar em um dia para ficar na memória.

12

Uma Noite no Vine View Manor

Foram quase três páginas inteiras de um fiel bloco de anotações (ele nunca ia a lugar algum sem um), mas após 45 minutos dentro do carro, que culminaram com uma respirada profunda em reconhecimento de um trabalho bem feito, Rory enfiou o caderno em sua maleta, e seguiu seu caminho, atravessando o estacionamento. Uma brisa refrescante bateu-lhe no rosto quando ele subia os três largos degraus que levavam ao saguão do Vine View Manor, decorado com motivos vinícolas.

A área da recepção estava silenciosa e apenas os movimentos de um recepcionista cinquentão, calvo, e o suave zumbido de um ventilador de teto que girava lentamente se faziam ouvir enquanto Rory preenchia sua ficha de registro.

– O senhor já se hospedou conosco antes, não, senhor Newman?, perguntou o recepcionista. Rory respondeu afirmativamente com um aceno de cabeça e sorriu.

– Sim, duas vezes, com a minha esposa.

O balconista retribuiu o sorriso e acrescentou:

– Ela está com o senhor hoje? No momento em que ele proferia essas palavras, Sydney surgiu em um canto da recepção, caminhando desengonçadamente a passos largos com um propósito específico. Rory olhou para Sydney, depois para o recepcionista, e disse secamente:

– Não, minha esposa não está comigo nesta viagem.

– Gosto sempre de dar uma volta de reconhecimento da área, anunciou Sydney. Sua aparência nada mudara desde o carro, a não ser por uma enorme toalha de praia enrolada no pescoço como se fosse um espesso e felpudo cachecol.

– Indo para a piscina?, Rory perguntou.

– Sim, essa é a próxima parada.

– Onde está sua roupa de banho?

– Vou do jeito que vim ao mundo, Newman, basta isso. Vou cair na piscina à moda antiga, exatamente como a natureza planejou.

A imagem perturbadora de Sydney desfilando nu ao redor da piscina chegou simultaneamente a Rory e ao recepcionista. Suas fisionomias foram subitamente tomadas por linhas contorcidas que se espalhavam como rios em um mapa. O recepcionista começou a mexer em uma pilha de papéis embaixo do balcão, certamente em busca de algum regulamento empoeirado do hotel proibindo o nudismo, enquanto a atenção de Rory foi imediatamente atraída por gritos de crianças e suas mães correndo para tapar-lhes os olhinhos.

– Peguei vocês!, gritou Sydney, caindo na gargalhada.

– É, essa foi boa, murmurou Rory, pegando seu cartão-chave de dentro de um envelope de papel que anunciava uma promoção de duas doses de bebida pelo preço de uma no bar. Ele olhou para baixo, viu o número "305" no papel e se dirigiu para o elevador. Normalmente ele teria subido pelas escadas, mas depois de um longo dia a recompensa de uma rápida viagem de elevador era justificável. Uma vez no elevador, ele pressionou o "3" e esperou que as portas se fechassem. Nada aconteceu. Ele apertou o botão "fechar porta" e, após cinco ou seis segundos, as portas se fecharam lentamente. Iniciou-se, então, a mais lenta viagem da história dos prédios altos para se chegar ao terceiro andar. Era como se o elevador estivesse sendo levantado por um grupo de homens amontoados no poço. E após alguns sacolejos e rangidos, o elevador finalmente parou com um tranco no terceiro andar.

Rory não se encaixava no papel de estradeiro experiente, mas havia passado várias noites em quartos de hotel e cultivado um hábito ao longo dos anos: colocar sua mala sobre a cama e sua maleta próximo à mesa. Ele pegava seu *laptop* e verificava a situação da Internet. Conexão sem fio? Muito bem. Em seguida, abria as cortinas e conferia a vista. Nesse ponto, o quarto, com vista diretamente para a piscina, não o decepcionou.

Depois disso, ele desamarrava os sapatos e começava a desfazer a mala: primeiro produtos de higiene pessoal, depois qualquer coisa que precisasse ser pendurada, e, por fim, meias e camisetas. Se o hotel estivesse situado em uma cidade ou área de uma cidade que ele considerasse barra pesada, o protocolo exigia que ele ficasse de quatro no chão e verificasse se não havia nenhum invasor debaixo da cama. Uma medida radical que ele vira no *The Today Show*, durante uma das investigações do programa em hotéis com câmeras escondidas, passando a fazer da prática um hábito. Se fosse um lugar muito questionável, ele chegava até a abrir subitamente a cortina do boxe do banheiro, ao estilo *Psicose*, para ver se havia algum intruso à espreita.

Na segurança de seu casulo no quarto 305, Rory pegou seu *laptop* e começou a ver os *e-mails* do dia. Como muitos de seus colegas de trabalho haviam estado em Napa com ele, sua caixa de entrada estava quase vazia, mas, como sempre, havia algumas poucas mensagens que exigiam ação imediata. Ele começou pelo que considerava a questão mais importante, uma falha recém-descoberta no *software* orçamentário da Kitteridge, relatada por um de seus analistas. Foi então que começou: os gritos estridentes de um bebê ecoavam pelo corredor. Ele permaneceu em silêncio por um instante, rezando para que o chorão não fosse parar perto dele. Mas um segundo depois ele ouviu o estalo de um cartão-chave abrindo o que só poderia ser o quarto 307 e, de repente, não havia nada entre ele e a criança barulhenta além de um quadro da paisagem da Toscana e duas camadas de gesso.

Colocando rapidamente um plano de fuga em ação, Rory vestiu seu calção de banho e foi até a janela conferir a situação na piscina. Ele olhou para baixo e imediatamente avistou a cabeça de Sydney, com seus espessos cabelos ruivos, totalmente livre de sua bandana, passando junto a uma mesa. A náusea associada ao comentário sobre o traje de como ele viera ao mundo voltou enquanto Rory aguardava até que Sydney saísse de baixo do guarda-sol da mesa. "Por favor, me diga que ele não está usando trajes impróprios", Rory repetiu para si mesmo inúmeras vezes, apesar de ter visto Sydney no saguão momentos antes.

Rory suspirou aliviado quando Sydney apareceu sob sua janela com um calção relativamente respeitável, com desenhos de barcos e tubarões. Rory agarrou seus chinelos de junto da cama, onde normalmente os deixava, e seguiu para a piscina.

O banho de piscina provou ser exatamente o que o médico lhe havia recomendado. Proporcionou uma combinação de rejuvenescimento após um longo dia e reconfortante relaxamento, antecipando um fim de tarde tranquilo no quarto. Ao retornar, ele pediu ao serviço de quarto um salmão grelhado, legumes diversos, e uma taça de Cabernet produzido na região. Relutante, ele acabou cedendo à culpa do prazer e pediu também um bolo de cenoura. Enquanto aguardava sua refeição, telefonou para Hannah. A animada conversa facilmente preencheu os 30 minutos que o atendente prometera para que o seu jantar chegasse. Ele fez um espirituoso relato das aventuras que ele e Sydney haviam experimentado e aproveitou a oportunidade para recapitular suas lições mais uma vez: garantir uma definição coerente de estratégia, fazer seu trabalho de casa, estar disposto a desafiar suposições, fazer as perguntas certas, desenvolver ou examinar criticamente a sua missão, e a mais recente pérola, determinar o que nos motiva. Hannah ouviu atentamente, até mesmo interrompendo de vez em quando com algumas perguntas esclarecedoras. Quando chegou a sua vez de fornecer um resumo de seu dia, seu relato consistiu de diversas atividades relacionadas à reunião familiar: buscar enormes quantidades de refrigerante, ir buscar as pessoas no aeroporto, ver e rever onde cada um ia ficar. "Um encontro do G7 não deve ser tão difícil de se orquestrar quanto isso", acrescentou. Em seguida, ela começou a se queixar dos desafios de se conseguir copos plásticos do tamanho apropriado, quando duas batidas na porta e o anúncio de "serviço de quarto" invadiram o aposento de Rory.

 Uma hora mais tarde, ele colocou cuidadosamente a bandeja vazia, à exceção de um pãozinho massudo deixado pela metade, no corredor do lado de fora do quarto. Na verdade, tudo estava calmo até então. Como o bebê havia há muito parado com seus choramingos, tudo estava tranquilo, e Rory pretendia fazer a sua parte para manter as coisas como estavam. Ele cumpriu sua rotina pré-sono e foi para a cama, quando percebeu que não havia feito o pedido para o café da manhã. Rory era um grande adepto do preenchimento dos cartões deixados nos quartos dos hotéis para que o hóspede faça seus pedidos com antecedência, assinalando suas opções, escolhendo o horário desejado para receber o pedido e pendurando o cartão do lado de fora de sua porta. Ele achava que o procedimento reduzia a margem de erros.

 Desse modo, ele saiu da cama, pegou o cartão de dentro do guia do hotel e leu cuidadosamente as opções: "Café-da-manhã Americano",

"Desjejum Saudável" e "Delícia Vegetariana". Nada lhe apeteceu, então ele optou por preencher a seção de "Pedidos Especiais" na parte inferior do cartão. Para chamar a atenção dos funcionários do hotel para sua escolha, ele desenhou um grande quadrado ao redor das linhas em branco daquela seção e, para reforçar o seu pedido, decidiu numerar suas opções, não dando margem para interpretações. Ele escreveu em letras maiúsculas grandes e legíveis: 1. SUCO DE LARANJA. 2. CAFÉ. 3. MEIA TORANJA (receoso neste caso, visto que pelo menos metade das vezes eles traziam *suco* de toranja; por isso, ele preferiu colocar o item em terceira posição na esperança de que eles imaginassem que não seria possível que ele quisesse suco de laranja, café e suco), e, por fim, ele escreveu, 4. TORRADA INTEGRAL. Rory então marcou a opção "6:45h às 7:00h", fez um círculo em volta para chamar atenção e pendurou o cartão na porta. "Nada deixado ao acaso", ele pensou, acomodando-se novamente na cama antes de cair em um profundo e repousante sono.

Rory acordou na manhã seguinte às seis da manhã, revigorado e cheio de energia. A primeira ordem do dia era verificar do lado de fora do quarto se o cartão de pedido do café-da-manhã havia sido recolhido pelo pessoal do serviço de quarto. Sim, havia. "Começamos bem", ele pensou, pegando o exemplar do *USA Today* deixado à sua porta. Ele prosseguiu com o restante de sua rotina matinal: tomar banho, fazer a barba, vestir-se, ler o jornal, e verificar o e-mail. Às 6:52h, uma batida na porta anunciou o serviço de quarto, e ele ansiosamente se levantou da cadeira para atender. "Bem no horário!"

A camareira, uma jovem loira e efusiva, cumprimentou-o com entusiasmo e entrou no quarto com a bandeja na mão, perguntando onde devia colocá-la. Sem sequer olhar para a bandeja ou para o seu conteúdo, Rory lhe disse que a colocasse na mesa de café, no que foi atendido. Rory esperava que lhe fosse apresentada uma conta naquele momento, mas, em vez disso, surpreendeu-se quando a atendente disse: "Vou buscar suas outras bandejas". Ela voltou com mais duas bandejas cheias e logo Rory percebeu o que havia acontecido. Interpretando equivocadamente o esquema de seu pedido, o que ele havia se esforçado para evitar, ela entregou um copo de suco de laranja, duas xícaras de café, três meias *toranjas* e quatro porções de torradas. Uma porção de torradas consiste em duas fatias cortadas ao meio, de modo que o pedido de Rory contava 16 pedaços, formando uma pilha tão alta no prato que a tampa da bandeja não era suficiente para escondê-la. Rory riu muito diante da gafe, assumindo a responsabilidade pelo erro de comunicação, porém intrigado e pensando: "Será que em nenhum momento ela pensou que esse pedido era um tanto estranho?" As lições do dia anterior, ensinamentos dos quais a equipe do serviço de quarto poderia se beneficiar muito, estavam, mais uma vez, frescas em sua memória: desafie suas suposições, faça perguntas, pense em uma maneira de se sair das situações.

13
Montando Pucker

Às 7:59h, precisamente, Rory desceu as escadas, saindo da recepção do Vine View Manor, e correu para o carro. Para sua surpresa, Sydney Wise estava encostado na porta do passageiro com um copo de café na mão e uma enorme bolsa aos seus pés. A bandana laranja estava de volta, assim como as botas e o cinto, mas a camiseta e a bermuda eram outras. Hoje estava usando uma camiseta simples, Nat Nast, de seda. Era preta, com duas listras brancas verticais de cada lado dos botões em formato de diamante. A bermuda cor de barro era desbotada de forma estilizada. Rory estava confortavelmente vestido, de *jeans* e uma camiseta polo branca, fugindo ao seu típico uniforme de camisa social e calças cáqui, mas, ainda assim, parecia ultraconservador perto de Sydney.

Ao ver sua companhia, Rory foi tomado por um misto de emoções. Sydney estava lá na hora certa, o que era um ponto positivo, mas estava apoiado no carro, possivelmente espalhando poeira e talvez até mesmo arranhando o amado automóvel de Rory, o que não era tão positivo. Mas se ele tivesse que optar, seria pelo fato de Sydney estar a postos, contribuindo para que o dia começasse conforme planejado. De repente, ele percebeu que o momento era como um microcosmo de sua relação de camaradagem com Sydney: havia coisas em seu pseudomentor com as quais ele não se importava, mas, de modo geral, à medida que foi conhecendo o rude gigante, ele percebeu que havia muito o que gostar e apreciar.

– Bom-dia, disse Rory alegremente.

– Bom-dia, Sydney respondeu.

Eles colocaram suas bolsas no porta-malas e entraram no carro. Rory ligou o motor e ficou lá parado, como se estivesse em algum tipo de estado meditativo.

– O que você está esperando?, perguntou Sydney.

– Trinta segundos em qualquer clima, disse Rory. Era seu costume, e ele tinha muitos, sempre dar trinta segundos para que o motor se aquecesse antes de sair do estacionamento. Ele lera o conselho anos antes e, àquela altura, nem se recordava mais onde, mas a prática lhe chamara a atenção na época e ele continuava a segui-la.

Rory tirou seu telefone do bolso da calça e abriu uma mensagem de texto.

– Ok, o plano é o seguinte. Encontramos Ike Redmond às 8:30h no Rancho Travis Hill, que fica no número 10.038 da Estrada Travis Hill. Pronto, pode navegar. Ele jogou no colo de Sydney uma folha de papel contendo as instruções sobre como chegar ao rancho. Sydney olhou o papel rapidamente, enrolou-o e depositou-o no porta-copos.

– Sem problema, Rory respondeu. De qualquer forma, eu memorizei as instruções.

– De acordo com Jim, Ike adora montar a cavalo, sai sempre que pode e diz que esse rancho, Travis Hill, tem alguns dos campos mais bonitos do centro da Califórnia. Pelo visto, é lá que ele faz a maior parte de seus negócios também, no lombo de um cavalo. Com o seu relógio mental agora indicando já terem se passado bem mais de 30 segundos, Rory engatou a marcha e, logo, os dois estavam viajando em direção ao leste, à procura da Estrada Jardine. Enquanto eles passavam pelos postos de gasolina, lojas de material hípico, pequenos salões de degustação, e uma variedade de outros empreendimentos, Rory prosseguia:

– Seria uma grande vantagem se eu conseguisse fazer com que Ike concordasse em comercializar nossos produtos. E após uma pausa, completou. Quero dizer, *quando* eu conseguir fazer com que Ike concorde. Um sorriso de satisfação iluminou seu rosto, acompanhando um aceno de cabeça em tom afirmativo.

– Vire aqui, Sydney gritou. Rory, ainda absorvido em seu momento de autoajuda, voltou a si e virou bruscamente o volante para a esquerda, cantando levemente os pneus. A paisagem assumiu instantaneamente um aspecto rural, uma estrada de duas faixas delimitada de ambos os lados por frágeis cercas feitas de estacas oscilantes e arame em mau estado. Mais adiante, havia campos de chaparrais, interrompidos pela ocasional presença de carvalhos.

– Nós seguimos por aqui por 3 quilômetros, disse Rory. A estrada, sinuosa como o ziguezaguear de uma serpente, não permitia que Rory ultrapassasse os 50 quilômetros por hora. Sem nenhum alerta de Sydney, Rory virou à direita na Estrada Hog Canyon, demonstrando sua proeza geográfica ao sinalizar para a direita bem antes da curva. O fato, porém, não provocou qualquer reação em Sydney, que permanecia em silêncio.

– Agora é só seguir por mais cinco quilômetros, entrar à direita na Estrada Travis Hill, e lá está o rancho, disse Rory, dando uma rápida olhada no relógio: 8:15h, ainda havia muito tempo. O terreno alterou-se, agora, tornando-se até mais florido à medida que vinhedos surgiam em todas as direções, com homens e mulheres de camisetas brancas e chapéus de abas largas executando seu trabalho diário, levantando poeira conforme se moviam languidamente entre as fileiras de uvas. Olhando bem, era possível avistar coelhos saltitando entre os torrões de terra marrom e esquilos correndo de um lado para outro, enquanto, no alto, os pássaros planavam suavemente. Era uma cena mágica. As bucólicas imagens pareciam hipnotizar tanto Rory quanto Sydney, que seguiam calados, absorvendo aquele idílico universo paralelo sem trocar uma só palavra.

Por fim, Sydney quebrou o transe comentando secamente:

– Já percorremos mais de 5 quilômetros. Rory não havia checado o odômetro, mas uma rápida olhada em seu relógio fez com que seu coração quase parasse; eram 8:30h. Ele iria se atrasar. Havia palavra mais vil em toda a língua inglesa? Atraso: o último bastião dos irresponsáveis, dos inconsequentes, dos canalhas não-confiáveis. Ele detestava atrasar-se para qualquer coisa. E agora, na alvorada de uma nova era em sua empresa, na primeira oportunidade de causar uma boa impressão, ele estava na iminência de chegar atrasado a um encontro importante.

– Nós passamos a entrada?, ele gritou em nítido pânico. Antes que Sydney pudesse responder, Rory recorreu ao porta-copos, tateando em busca das instruções. Ele desenrolou o mapa, alternando a atenção entre a estrada cheia de curvas e o papel, na tentativa de descobrir o erro. Eles teriam passado alguma entrada? Impossível, visto que ele havia memorizado os simples passos enquanto saboreava seus 16 pedaços de torrada durante o café da manhã.

Sem aviso, Rory deu uma guinada violenta com o carro, entrando em uma estrada improvisada que consistia em nada além de duas trilhas de pneus. Ele engatou a marcha à ré e pisou no pedal, conduzindo o carro subitamente de volta à Estrada Hog Canyon. Ainda nenhuma palavra de Sydney. A paisagem literalmente desapareceu de seu campo de visão; além da estrada asfaltada nada havia, a não ser espaço branco. Ele continuou correndo, girando a cabeça de um lado para o outro à procura da Estrada Travis Hill. Seu relógio o provocou, anunciando 8:39h.

– Ali. Sydney apontou para uma estaca capenga, inclinada em um ângulo de cerca de 45 graus, junto ao acostamento A placa desbotada balançava como um membro decepado e mal dava para enxergar as palavras. Mas à medida que o carro se aproximava, elas entraram em foco: Estrada Travis Hill, com uma pequena seta. Rory fez a curva em velocidade, levantando pedregulhos à altura das janelas antes de estabilizar o carro na estrada de terra batida. Eles trafegavam pela estradinha deserta, esperando que o evasivo rancho aparecesse, quando Rory avistou uma pequena placa de madeira pintada à mão, anunciando o Rancho Travis Hill em claras letras vermelhas. Ele reduziu a velocidade na tentativa de se recompor e fazer o que esperava que parecesse uma chegada digna, ainda que com uma conotação de urgência, dada a hora.

Por alguma razão, quando Rory invocava imagens do Rancho Travis Hill, o rancho Southfolk da antiga série de TV *Dallas* lhe vinha à mente. Ele imaginava um longo e elegante caminho emoldurado por majestosas árvores ciprestes, com extensões de campos turfosos em um dos lados, exibindo cavalos espetaculares galopando livremente. Em sua cabeça, o caminho o levaria a um solar palaciano com gramados sedutoramente bem cuidados explodindo em um mar de flores em *Technicolor*.

Definitivamente não era Southfolk. A casa provavelmente tinha ao redor de 30 anos, mas levando-se em conta o desgaste natural, a estrutura comprometida parecia ser muito mais velha. As janelas eram envidraçadas e pareciam estar por um fio – a um passo de se estilhaçarem; e os fragmentos de tinta descascada se espalhavam pela casa como folhas carregadas pelo vento de um dia de outono. Tudo ali clamava por renovação. A desgastada habitação estava rodeada por um grupo de edificações igualmente negligenciadas, inclusive, para o espanto de Rory, uma pequena e frágil barraca de madeira com uma placa que dizia "Loja de Presentes".

– Você acha que eles vendem bolas de neve ali?, Sydney riu.

Rory conduziu o Mercedes em direção a um Chevy Tahoe novo em folha que não combinava com aquele ambiente e, hesitantemente, estacionou. Ele saltou e quase surtou ao ver seu amado carro coberto por um manto de poeira e sujeira do *rally* matinal. Enquanto ele calculava quando teria a próxima possível oportunidade de lavar o carro, alguém saiu do celeiro. Balançando ao longo do caminho em direção a eles vinha um homem gorducho na casa dos cinquenta e poucos anos, de rosto redondo e corado, olhos grandes e amigáveis, nariz grosso, e espessos lábios ressecados. Lambendo os lábios ao se aproximar de Rory e Sydney, ele estendeu a mão com entusiasmo:

– Ike Redmond, e você deve ser o Rory (?).

– Sim, sou. É um prazer conhecê-lo, Ike, e eu sinto muito pelo atraso...

– Não tem problema, Ike interrompeu. Aqui nós estamos no fuso horário dos cavalos. Ele apontou para o celeiro, onde os relaxados, mas curiosos, cavalos esticavam seus longos pescoços sobre as portas dos estábulos para espiar os visitantes. Rory fitou os grandes e ternos olhos, mas seu olhar foi atraído pelas edificações arruinadas à sua volta. Ike percebeu o desvio de olhar, e disse:

– Não há muito o que ver, mas eles cuidam muito bem de seus cavalos, e você vai amar a paisagem. Por falar em seus cavalos, vou procurar Marcy. No mesmo instante, uma jovem bronzeada e cativante, dos seus vinte e poucos anos, inteiramente aparamentada como uma *cowgirl*, saiu da sala dos arreios, no interior do celeiro.

– Esta é a Marcy, ela será a nossa guia hoje, disse Ike, apresentando a mulher.

– E você é...?, Ike estendendo a mão em direção a Sydney.

– Sydney Wise.

– Você trabalha na Kitteridge, ops, acho que eu deveria dizer Olivenhain?

– Não, foi tudo o que Sydney respondeu.

– Após a série de apertos de mãos durante os cumprimentos de apresentação do grupo, Ike disse:

– Bem, vamos selar os cavalos e pegar a estrada. O que você acha, Marcy?

Marcy deu uma olhada em Rory e Sydney – nenhum dos dois parecia pronto para um momento *Bonanza* –, virou-se para o celeiro examinando o acervo disponível e disse calmamente:

– Buzz e Pucker.

Ike riu, concordando, e Marcy entrou na escuridão do celeiro, ressurgindo momentos depois com dois cavalos Quarto de Milha troncudos e cambaleantes que pareciam tão tranquilos que nem uma bomba os abalaria. Ao ver os dois sofás ambulantes, Rory sentiu um alívio imediato, aproximando-se dos animais de forma confiante e acariciando-lhes os pescoços quentes.

Ike tinha razão em relação ao "fuso dos cavalos". O processo de preparação dos quatro cavalos (Marcy e Ike optaram por montar os mais espertos Iris e Val), incluindo os procedimentos necessários, como escovar, forrar, selar, ajustar a barrigueira e pôr as rédeas, levou quase uma hora. E então chegou a hora do "vamos ver". Um degrau foi trazido do celeiro, posicionado ao lado de Pucker e Rory foi instruído a subir na geringonça de plástico.

– Ponha o pé esquerdo no estribo, segure na cabeça do arreio e puxe-se para cima. É moleza, disse Ike para tranquilizá-lo.

Rory, sentindo a pressão de três pares de olhos sobre ele, para não falar no sereno olhar de Pucker, topou o desafio, subiu no cavalo como John Wayne. Não querendo ficar atrás, Sydney agiu de maneira igualmente impressionante, e antes que fosse dado qualquer sinal, Buzz e Pucker já seguiam lentamente pelo caminho empoeirado que contornava as montanhas dos arredores.

As instalações do Rancho Travis Hill podem ter deixado algo a desejar, mas a paisagem era estonteante. Havia quilômetros de trilhas cortando as infinitas encostas, adornadas com uma rica tapeçaria de árvores de carvalho, pequenos bosques nativos irregulares, e a relva que balançava suavemente ao vento. Mas era mais do que um banquete visual, pois os sons eram igualmente magníficos: o vento dançando entre os galhos, águias sibilando no alto, córregos borbulhando através de velhos leitos, e a caminhada rítmica das patas dos cavalos. Até a textura das rédeas de couro, levemente presas entre seus dedos polegar e indicador, era reconfortante para Rory.

Marcy agia como uma guia turística cheia de orgulho; a propriedade pertencia à sua família há mais de 100 anos, e ela se vangloriava ao dizer conhecer cada milímetro quadrado do lugar, tanto a pé quanto no lombo de um cavalo.

– Conheço este lugar como a palma da minha mão, sem exagero, dizia ela. Ninguém no grupo contestaria tal afirmação. Quanto mais adentravam o bosque, mais Rory sentia suas preocupações se dissiparem, sentindo-se meio frustrado quando Ike disse:

– Bem, acho que devemos falar um pouco de negócios.

– Certo, certo, disse Rory, transportando-se de volta ao mundo do comércio.

– Eu sou um homem simples, Rory, então vou direto ao ponto. Diga-me, então, por que eu deveria começar a trabalhar com os produtos da sua empresa?

Apesar do título do seu cargo não incluir vendas em nenhum sentido, Rory era um veterano na Kitteridge e conhecia tanto a empresa quanto seus produtos de cor e salteado. Ele se orgulhava, assim como muitos funcionários, por ser um embaixador dos produtos da empresa. Então ele não hesitou. Lançou-se em uma narrativa apaixonada sobre a fundação da empresa, sua história, o trabalho artesanal inerente a seus produtos, a tecnologia exclusiva empregada, a lealdade de seus clientes, e a habilidade e o comprometimento demonstrados por seus funcionários. Os muitos anos de Rory trabalhando com calculadoras e planilhas tornaram-se imediatamente aparentes quando ele começou a expor suas perspectivas com previsões tentadoras do crescimento da receita, valores e os consequentes lucros, caso Ike decidisse estocar os produtos Kitteridge. O monólogo seguiu por bons 10 minutos, absorvendo o tempo que eles levaram para cruzar um ruidoso córrego, atravessar um trecho arenoso e esburacado da trilha, e retornar a uma encosta turfosa.

Ike parou sob a sombra de uma gigantesca figueira iniciando uma reação em cadeia de comandos para que os cavalos parassem e pudessem pastar na viçosa relva aos seus pés. Ele contemplou a vasta paisagem à sua volta e disse em tom comedido:

– Eu aprecio a sua paixão, Rory, e gosto do seu... Ele foi interrompido pelo toque do seu celular, alojado no fundo de seu alforje.

– Puxa, pensei que eu tivesse esquecido esse negócio no carro, exclamou Ike.

Sydney inclinou-se sobre Buzz na direção de Rory e sussurrou:

– Então não atenda.

Mas Ike, como tantas pessoas, achava a sedução do toque de um telefone simplesmente irresistível e envolvente. Ele apeou de Val arrancou o telefone de dentro do alforje.

– Ike Redmond falando. Sim... sim... que horas? Certo, diga a eles que eu estarei lá.

Ele colocou o telefone de volta na bolsa e olhou para os outros.

– Eu sinto muito, mas preciso voltar. Mas terminem o passeio com a Marcy, a vista de cima daquele cume é de tirar o fôlego. Ele andou até Rory e Sydney, apertou-lhes as mãos, montou novamente em Val, girou-se em direção ao oeste e partiu. Cerca de 50 metros trilha adentro, ele se virou levemente na sela, sem quebrar o estável trote de seu cavalo, e disse quase sem pensar: "terei que retornar o contato com você, Rory".

Sentado relaxadamente em cima de Pucker, Rory avaliava o que havia acontecido. Há um minuto ele estava em plena glória em sua retórica, com Ike aparentemente atento a cada palavra, e no minuto seguinte Ike tinha ido embora. O que ele diria a Jim, que certamente ligaria para se atualizar? Em seu estado de profunda concentração ele não percebeu que Marcy e Sydney haviam prosseguido sem ele e estavam subindo rapidamente a colina que levava ao ponto mais alto do rancho. Ele balançou as rédeas, apertou firmemente o tronco de Pucker e logo os dois estavam a caminho.

Após outros cinco minutos de marcha, os três atingiram o pico, e Ike tinha razão; a vista deixou Rory sem fôlego. Uma vista panorâmica de 360 graus de vinhedos, bosques de oliveiras, fazendas retiradas, e quilômetros e mais quilômetros de trilhas para cavalgadas, tudo pintado nas orgânicas cores da natureza. Até o ar parecia diferente, parecia vivo, energizante, tangível. Os três desceram de seus cavalos e ficaram ali, petrificados. Após alguns minutos de reflexão silenciosa, pontuada pela combinação de sons entre maçãs e trilha, Marcy apontou marcos históricos, antigas rotas de passeio, e até mesmo criou hipóteses sobre o microclima que vinha impactando a estação do crescimento na região. Finalmente, com um suspiro sincero que a traiu, revelando o quanto ela odiava deixar aquele adorado local, ela disse:

– Bem, acho que a gente deve voltar para o rancho.

A conversa foi reduzida ao mínimo enquanto eles cavalgavam lentamente pelas trilhas, balançando de um lado para o outro em seus cavalos.

Então, com Marcy mais à frente, Sydney levou Buzz a emparelhar com Pucker, virou-se para Rory e disse:

– Sinto que você vai fechar esse negócio.

– Como assim?

– O negócio com Ike.

– Por que você diz isso?

– O modo como você falou sobre a Kitteridge. Muita gente teria usado os números para impressionar: isso é o que você pode ganhar, isso é o que vai lhe custar, e assim por diante. Mas você pintou uma imagem real da empresa, uma imagem consistente em muitos aspectos. Isso despertou o interesse de Ike. Ora, despertou até o meu.

Eles passaram por uma alta fileira de pinheiros, com as longas agulhas espetando seus cotovelos conforme passavam. Rory refletiu sobre as palavras de Sydney, o seu elogio, reprimiu um sorriso orgulhoso, e disse:

– É, bem, vamos ver o que ele diz. E após uma pausa, ele completou: Se eu sou tão persuasivo assim, talvez eu possa fazer com que Jim se renda aos meu recém-descobertos conhecimentos em planejamento estratégico.

– Bem, você já sabe qual é o próximo passo.

– O quê?

– O próximo passo. Você já o conhece.

– Ok, Sydney, tudo o que você fez foi parafrasear as suas palavras, agora me diga do que está falando, disse Rory com uma ponta de irritação, nem tanto com a intenção de atingir Sydney, mas mais como resultado de uma irritação literal e crescente que ele sentia na sela.

– O que você disse a Ike?

– Eu lhe falei sobre a empresa.

– Trocando em miúdos..., pressionou Sydney.

– Eu falei sobre o nosso pessoal, quão compromissadas e conhecedoras as pessoas são, sobre a tecnologia que utilizamos, sobre os nossos clientes, sobre os aspectos financeiros da estocagem de nossos produtos.

– Em outras palavras, interrompeu Sydney, você falou sobre uma série de dimensões.

Rory refletiu sobre a observação e disse:

– Acho que sim, claro.

– É a mesma coisa com o planejamento estratégico. A primeira das perguntas fundamentais que você tem que responder é o que o motiva. Nós falamos sobre isso após a aventura da Vanagon, lembra?

– Claro, respondeu Rory como se estivesse cuspindo veneno. O atrito irritante contra o couro da sela estava passando de incômodo a dor. Sydney o observou por um instante, mas como tudo parecia bem, ele continuou.

– Existem outras três questões fundamentais que sustentam a sua estratégia, mas este é um bom momento para introduzir o que eu chamo de as quatro lentes. Ele fechou os dedos em forma de círculos representando o foco de um par de binóculos. Rory acompanhou o formato dos dedos do companheiro, mas estava mais impressionado com a coragem de Sydney em soltar suas rédeas, ainda que Buzz parecesse alheio à momentânea liberação.

– As quatro lentes?

– Sim. Significa ver as coisas a partir de múltiplas dimensões, ou lentes. Qualquer decisão que você tome em relação à estratégia deve ser examinada através de cada uma dessas lentes.

– Trocando em miúdos..., disse Rory, imitando Sydney.

– Acho que você já sabe, Newman, mas tudo bem. A primeira lente ou dimensão é de natureza social e cultural. Ao tomar decisões em relação à estratégia, você deve considerar o impacto no ambiente social, e na sua cultura. Você tem que começar com o coração. Digamos que você chegue à conclusão de que a sua motivação está nos produtos e serviços, mas baseado na pesquisa que você fez e nas discussões que sua equipe teve sobre o futuro, você resolva querer direcionar o seu foco para a tecnologia. Então, a primeira pergunta que você deve fazer é: nós somos apaixonados por tecnologia? Comece com o coração. Se o seu foco sempre esteve voltado para os produtos e serviços, provavelmente é aí que está a sua paixão, e que a sua cultura tenha sido construída em torno dessa premissa. Uma mudança de foco poderia afetar toda a estrutura da sua empresa. Você precisa se perguntar se está preparado para algo assim.

– Você está falando de valores?, perguntou Rory.

– Sim, os valores se encaixam aqui. Valores são crenças atemporais compartilhadas por todos os funcionários. E, mais uma vez, eles serão moldados ao longo do tempo pelo que o motiva como uma empresa. Para mudar esse foco, é bom que você esteja preparado para uma mudança cultural, social, e de valores.

Rory não parava de se mexer em sua sela, agora tentando aliviar a dor proveniente de ambos os lados de seu traseiro. A cada passo de Pucker, sua pele mais empolava. Não havia dúvidas, ele estava com assadura de contato com a sela.

– Tudo bem com você, Newman?

– Sim, sim, tudo ótimo. Deixe-me ver se eu entendi. Eu falei a Ike sobre o nosso pessoal, então uma das lentes deve ser o pessoal. Rory fez uma pausa, esperando a reação de Sydney, mas como ele havia aprendido, o silêncio significava que devia continuar. Ao pensar na sua estratégia, você deve pensar em termos de ter as pessoas certas, correto? O exercício intelectual de Rory servia ao duplo propósito de reforçar seus conhecimentos sobre planejamento estratégico e de mascarar um pouco a sua dor.

– É o que chamo de lente humana, iniciou Sydney. Toda decisão que você tomar em relação a uma estratégia implicará certo conjunto de habilidades necessárias. Você deve definir se o seu pessoal possui as habilidades necessárias para executar a estratégia que você está contemplando. Caso não as possua, você está disposto a fazer os investimentos necessários em contratação e treinamento para preencher as lacunas? Porque se você não estiver, a sua estratégia não vale nem o papel utilizado para redigi-la.

Os cavalos deram um leve galope para subir uma ladeira. Rory ficou de pé nos estribos para minimizar seu agonizante desconforto. Quando eles alcançaram o topo, o rancho, brilhando em ouro no horizonte, fez-se visível. Rory se sentiu como um antigo explorador que, em um dia decisivo, após meses no mar, olha sobre a amurada de seu navio e avista terra. Que alívio! Mas nesse momento a realidade caiu sobre ele como uma espessa rede, e ele percebeu que os dois ainda estavam a mais de um quilômetro do rancho.

– Você tem certeza de que está bem, Newman?

– Sim... A terceira lente é a tecnologia, certo? Pequenos trechos de seu discurso para Ike lampejavam em seu firmamento mental e a tecnologia parecia uma lógica candidata a uma das lentes.

– Mais um ponto para você. Correto. Toda decisão que você toma em relação à estratégia deve ser examinada também pelo prisma de uma lente tecnológica. A decisão exigirá algum investimento em novas tecnologias? E quanto à tecnologia atual que você emprega, ela se tornará redundante? E como você provavelmente pode ver, as lentes causam impactos umas nas outras. A nova tecnologia pode exigir novos conjuntos de habilidades, ou seja, a lente humana. E a tecnologia é um dos fatores mais ameaçadores que você pode introduzir, especialmente para funcionários experientes, portanto é bom que você conheça bem a sua lente social e cultural.

Marcy parou para permitir que Rory e Sydney a encontrassem em uma larga faixa da trilha.

– Vocês querem pegar um atalho?, ela perguntou.

– Sim!, Rory bafejou.

– Sigam-me, ela disse.

Eles continuaram por uma estreita abertura entre dois mourões de cerca e Marcy começou a trotar com Iris. "Não. Basta de solavancos!", Rory pensou. Mas a vantagem de voltar para o rancho mesmo um minuto mais cedo venceu a dor intolerável de cada batida de seu traseiro na sela.

Mais uma vez apegando-se a qualquer forma para manter sua mente ocupada, Rory conseguiu gaguejar sob o efeito do desagradável trote do cavalo:

– Ent-então, a-a qua-quar-quarta len-lente...

– Financeira, respondeu Sydney em perfeita e suave cadência, como se estivesse no banco traseiro de um Rolls-Royce deslizando sobre uma pista de aeroporto.

– Suas decisões estratégicas implicarão investimentos financeiros, seja em infraestrutura, pessoal, ou capacidade, você escolhe. E, é claro, você espera que haja também crescimento de receita e lucro. A questão é: a receita e o lucro compensarão os investimentos?

Seria uma miragem, pregando-lhe a mais malvada e sinistra peça? O que seria aquilo? Rory e Sydney avançavam e, a cada penoso passo, a imagem assumia uma forma mais definida. Finalmente, em alto relevo contra o claro céu azul, ela se revelou absolutamente nítida para ele. Era, em toda a sua glória, a loja de presentes. Quando Sydney passou galopando pela loja, em um retorno heróico para o rancho, ele se virou para Rory e disse:

– Talvez eles vendam Band-Aids aí, cowboy.

14
Carregando as Baterias em Pismo Beach

Uma das primeiras coisas que Rory notou quando fez o *test-drive* no seu C230 foi a implacável rigidez do assento do motorista. O vendedor teve a chance de transformar algo negativo em positivo, como os vendedores estão acostumados a fazer, e respondeu à sua preocupação observando que os carros americanos muitas vezes camuflam deficiências de desempenho com assentos tão suaves e macios quanto os sofás de uma sala de visitas. "O que você quer, um *La-Z-Boy*[1] ou um automóvel de alto desempenho?", disparou o vendedor. Em um primeiro momento, Rory aceitou o couro firme com relutância, mas, com o passar do tempo, começou a concordar com a tese do vendedor e usava o desconforto como uma espécie de distintivo de honra. Duas horas a bordo de Pucker, porém, o fizeram ansiar pelo couro macio de um assento sobre rodas. Ele se sentou cuidadosamente no assento do condutor, deslocando-se apenas o estritamente necessário para ter acesso completo aos pedais e ao volante. Sydney saltou vigorosamente em seu assento, produzindo um pequeno terremoto dentro do carro e fazendo com que Rory se contraísse em antecipação à dor inevitável que viria a seguir. Rory vislumbrou Marcy conduzindo Buzz e Pucker preguiçosamente de volta ao celeiro enquanto ajustava o espelho retrovisor, antes de passar pela loja de presentes e voltar para a estrada. O despertador do estômago de Rory não foi dissuadido pelo seu latejante traseiro e começou a emitir um sinal de socorro assim que os dois alcançaram a Rodovia 101. Ele estava prestes a ceder quando percebeu que ainda estavam a mais de 480 quilômetros de San Diego, e que, mesmo sem outra parada, eles não chegariam antes das 18:00h.

---

[1] N.T.: *La-Z-Boy*, marca de móveis americanos, principalmente sofás.

A julgar pelos olhos fechados e a lenta e suave respiração, Sydney teria caído em um sono pós-montaria, daí conversar para manter sua mente ocupada estar fora de questão para Rory. Ele resolveu, então, interiorizar o diálogo e, mais uma vez, recapitular as lições que aprendera, pesando sua validade e questionando sua aplicabilidade à nova situação que, de repente, surgira na Kitteridge.

Não que Rory não desse crédito ao que Sydney havia compartilhado com ele; ele estava apenas fazendo uma análise crítica da situação, como qualquer um deveria fazer diante de um novo assunto. Mas quanto mais ele repassava a fita, mais os ensinamentos pareciam perfeitamente adequados à sua ou a qualquer outra empresa. Especifique as suas condições, faça o seu dever de casa, fazendo perguntas criativas, e embarque na sua missão – o seu propósito central como empresa. Em seguida, defina o que o impulsiona como uma empresa, o que o motiva e o que irá fornecer subsídios a todas as suas decisões futuras. Por fim, ele voltou para as quatro lentes, sociocultural, humana, tecnológica e financeira, que devem ser consideradas para responder às perguntas básicas sobre estratégia. Os minutos que decorreram desde a "acidentada" cavalgada serviram para proporcionar-lhe alguma perspectiva e ele acabou enxergando a vital importância de cada lente para a tomada de decisões estratégicas, e que as lentes poderiam interagir entre si, enriquecendo o diálogo estratégico.

A reflexão desviou seu pensamento de seu desconforto e Rory sentiu uma profunda satisfação apoderar-se dele. Ele estava inquestionavelmente satisfeito com o que havia aprendido e beirava o otimismo, pois isso lhe daria a oportunidade de entregar um relatório que seria bem recebido por Jim e por seus outros novos chefes da Olivenhain.

"Não pode ser", pensou Rory ao passar por uma placa indicando a direção para Santa Margarita. "São 40 quilômetros". E então ele percebeu: "é o coma automobilístico". Coma automobilístico: você está dirigindo, totalmente absorto em pensamentos e completamente alheio ao mundo exterior diante do para-brisa. Porém, como uma pessoa envolvida no casulo do coma, você continua funcionando. Em um momento, a sua mente processa o que está acontecendo, enquanto os pneus cantam sobre a estrada e as suas habilidades motoras têm reflexo suficiente para agir sobre aquilo que o cérebro está transmitindo, mas parte de você não está ali; está perdida em estado de contemplação. Tudo por onde você passa enquanto está perdido no coma automobilístico – cada edifício, cada arbusto, cada carro – é um grande vazio completo.

Em seu poderoso devaneio, Rory passou a Estrada 46, que cerca de 30 quilômetros a oeste levaria à Estrada Cabrillo, e a partir daí, a apenas poucos quilômetros ao norte, um dos lugares favoritos de Hannah, Hearst Castle. O palácio do magnata do jornalismo, William Randolph Hearst, é uma verdadeira pérola, plantado em meio a mais de 100 maravilhosos hectares. Ele também ultrapassou Templeton, Atascadero e a Estrada 41, uma entrada à esquerda que leva a Creston, uma pitoresca vila de vinhas e fazendas de cavalos.

Foi o toque de um telefone que acabou por devolver a consciência a Rory e a Sydney, que estava claramente insatisfeito com a duração de sua sesta. Através do viva-voz, antes mesmo que Rory pudesse dizer "alô", Melville Bell começou a falar.

– Rory, você não vai acreditar no que Mark está fazendo!

– Calma, Mel, o que está acontecendo?

– Bem, foi na hora do almoço, eu estava na minha sala fazendo o meu *Kettlebell Jerks*, quando ouvi Mark fazer um escândalo na sua sala.

A palavra *Kettlebell* despertou a curiosidade de Sydney, o que fez com que Rory sussurrasse:

– É um antigo exercício russo.

Sydney não se convenceu muito; por isso, Rory continuou. Basicamente, é como uma bala de canhão em ferro fundido, que pesa cerca de 50 quilos, com uma alça.

Ainda nada, a não ser ceticismo, da parte de Sydney.

– É conhecido em Hollywood, disse Rory. Sydney revirou os olhos, balançou a cabeça, e começou a contemplar a paisagem que passava, marcando, assim, sua saída da conversa.

– Rory... Você ainda está aí?

– Sim Mel, desculpe. Continue.

Ele disse isso para experimentar, mas logo reconheceu que Sydney, que citava generais alemães, estadistas americanos e Shakespeare e que parecia conhecer o *slogan* de cada cidade, vila e aldeia da Califórnia, não sabia o que era um *Kettlebell*. A superioridade de conhecimento de Rory, pelo menos sobre esse item muito pouco conhecido, lhe proporcionou imensa satisfação.

Mel continuou:

– Então, eu fui ver se estava tudo bem, e encontrei Mark refestelado na sua cadeira com os pés sobre a sua mesa.

Rory estremeceu com a incursão e a violação de sua mesa com tampo de vidro, que ele polia diariamente com Windex. A imagem dos sapatos de Mark sobre a superfície imaculada revirou-lhe o estômago.

– Então eu disse a ele: O que você pensa que está fazendo, Mark?

A essa altura, a bateria do telefone de Rory emitiu um sinal sonoro de advertência, indicando que estava no fim, mas o aviso foi ignorado.

– E então?, Rory pediu-lhe para continuar.

– E ele disse: você quer esta cadeira, Bell? E esse aparador? Newman não está aqui por muito tempo, de modo que tudo isso aqui está em leilão corporativo.

– Aquele nojento, saf... Rory não chegou a completar o seu veemente discurso de abominação, imaginando rapidamente que a maldade sem limites de Mark poderia, de alguma forma, levá-lo a ameaçar Mel com sabe-se lá o quê e forçá-lo a ligar para ele, ali mesmo do escritório e, sem dúvida, gravando a ligação para tirar vantagem mais tarde.

– Não se preocupe com isso, Mel, disse Rory, agora revestido de uma aparente calma.

– Mas o que ele quis dizer, Rory?

– Eu tenho que entregar um relatório sobre como desenvolver um plano estratégico e ele está, bem, digamos que ele esteja duvidando das minhas chances de sucesso.

– Quando é...? A voz de Mel sumiu com o telefone de Rory apitando para avisar que a bateria havia terminado, e o silêncio voltou a reinar dentro do carro. Rory pegou o telefone e examinou-o com cuidado, como se fosse um artefato resgatado de uma caverna.

– Carregue a bateria, grasnou Sydney.

– Já tentei. A bateria está ruim, não aguenta uma carga, Rory respondeu. Vamos ter que parar para comprar outra, além disso eu estou morrendo de fome.

Rory pegou o acesso de saída seguinte, a Price Street, e deixou a Rodovia 101.

– O décimo-sétimo maior pier, na Califórnia, Sydney disse calmamente.

– Do que você está falando?

– Pismo Beach. É o décimo-sétimo maior pier da Califórnia, cerca de 365 metros, se não me falha a memória.

Aquela sabedoria, como o conhecimento de trivialidades sobre a Califórnia, estava produzindo um pequeno desgaste em Rory, que se ressentiu sobretudo diante do caráter inoportuno daquela particularidade, logo em seguida à sua demonstração intelectual.

– Quem poderia saber algo assim? O que há com você afinal?, ele perguntou, voltando a atenção para a estrada enquanto passava pelos últimos dois hotéis à beira-mar e desviava para o sul.

Pismo Beach, diferente de muitas das pequenas cidades protestantes dos Estados Unidos e do mundo que cultivam o gosto pelas grandes redes varejistas, tem feito um trabalho invejável de manter uma eclética coleção de estabelecimentos próprios do local.

Só em Cypress Street, o viajante vai encontrar uma agradável variedade de lojas que vendem de tudo, de anões de jardim a colares de contas da época *hippie* e, é claro, tudo para surfe. Rory e Sydney giravam a cabeça de um lado para o outro como se estivessem assistindo a uma partida de tênis, enquanto absorviam a mistura de lojas e restaurantes, turistas e moradores locais que compunham aquela vibrante comunidade costeira. Para a sorte de Rory, a miscelânea de lojas incluía também algumas de telefones celulares, e ele logo descobriu a Bob's Mobile Mart, a apenas alguns metros à sua direita. Ele deu sinal, entrou no estacionamento lotado e, de repente, teve que frear bruscamente por causa de dois jovens surfistas que, do nada, surgiram à sua frente. Assim que a pista estava liberada, ele se dirigiu para uma vaga em frente às duas portas de vidro da loja.

– Você vem?, Rory se virou e perguntou a Sydney.

– Por que não?

Tal como acontece com muitos pequenos estabelecimentos, a porta da Bob's Mobile Mart era equipada com um sino que tocava quando ela se abria, alertando os funcionários para a chegada de prováveis clientes. Infelizmente, o sino não pareceu provocar a reação pretendida da parte do único funcionário da loja, um jovem magro como uma lâmina de barbear, de cabelos castanhos espetados, esparramado como uma samambaia sobre um banquinho de madeira por trás do único balcão da loja, com, adivinhe o quê? Um telefone celular colado à orelha. Ele usava uma camiseta marrom-escuro com algo escrito, mas as letras estavam escondidas, devido à sua posição no banquinho. Calças *jeans* pretas e Vans completavam o seu conjunto.

Deixando o som do sininho para trás, os dois caminharam até o centro da pequena loja e foram surpreendidos pela seleção musical que estava tocando.

– Isso é ópera?, Rory perguntou em tom de gozação.

Sydney hesitou e disse com um aceno afirmativo de cabeça:

– Dove Sono, de *As Bodas de Fígaro*. Logo em seguida, porém, respondendo ao imediato olhar de espanto de Rory, ele acrescentou:

– O quê? É Mozart, todo mundo sabe disso, Newman.

Os dois se separaram, com Rory indo para a esquerda para olhar uma parede com três prateleiras repletas de novos telefones celulares.

Os telefones estavam espalhados por todos os lados sem qualquer ordem ou sequência aparente e pareciam sombrios e sem vida, graças a, pelo menos, uma semana de acúmulo de sujeira e impressões digitais de supostos compradores. Rory inclinou-se sobre um modelo, mas logo tirou a mão ao perceber as manchas gordurosas.

Ele se sentiu um pouco constrangido pelo gesto instintivo, mas seu receio era infundado. O rapaz atrás do balcão manteve-se alheio à presença deles, continuando, inclusive, com a sua entusiasmada conversa ao telefone.

– Então, quem estava lá? De jeito nenhum... que horror... Ei, você mostrou a Matt aquele cartão que eu mandei para você? Uh huh... As gargalhadas continuaram, até que ele se virou e disse, "O quê? Não, não posso, eu tenho que fechar amanhã à noite. Isso vai ser deprimente".

A sombra de Sydney se refletiu no banquinho e acabou por atrair a atenção do jovem. Ele esticou o pescoço comprido como um aipo, olhou para Sydney de cima a baixo e, em seguida, sussurrou ao telefone: "tenho que ir, eu ligo mais tarde".

– A que humilhações estou reduzido por um marido cruel.

As palavras de Sydney foram dirigidas ao jovem, subitamente perplexo.

– O que é isso chefe?, perguntou ele hesitante.

– A canção, é o que Condessa está dizendo. Mas você já sabia disso, não é mesmo? Você é um grande fã de ópera.

– Oh, o rapaz riu meio sem graça. Isso é coisa do Bob, não minha. Ele se levantou do banquinho, deixando à mostra a inscrição em sua camiseta. Em grandes letras amarelas estava a palavra "SARCASMO", e, mais embaixo, "um dos meus muitos talentos".

– Bonita camisa... uniforme da empresa?, perguntou Sydney.

– Não.

Rory se aproximou pelo lado esquerdo de Sydney, enfiou a mão no bolso, e pegou seu telefone.

– Eu preciso de uma bateria para substituir esta, você tem?

O jovem mal olhou para o aparelho antes de responder.

– Não.

– O quê? Você sequer olhou para a bateria.

– Nós não temos *nenhum* tipo de bateria.

Rory olhou em volta da loja e balançou os braços teatralmente como se conduzisse uma orquestra sinfônica e disse:

– Isto é uma loja de aparelhos de telefones celulares, é claro que você tem baterias. Enquanto argumentava, Rory olhava, triunfante, em torno da loja para provar o que dizia, mas enquanto seus olhos exploravam a escassa oferta ele percebeu que não havia, literalmente, qualquer tipo de acessório no local.

– Nós não temos *nenhum* tipo de bateria, repetiu o jovem, irritado, fechando a cara.

– Onde está o Bob?, Rory exigiu, surpreendendo-se com sua súbita indignação.

– Bob está dormindo.

– Bem, eu acho que você terá que acordá-lo imediatamente.

– Veja bem, eu já lhe disse que não temos baterias. Por que não tenta a Beach Cellular, na Hollister?

– Você age de acordo com o seu lema, não é garoto?, disse Rory, fitando a camiseta. Em seguida gritou:

– Que tipo de loja de celular não vende baterias?!

Sentindo um possível acesso de raiva, Sydney se posicionou entre Rory e o jovem e disse:

– O tipo de loja que... Antes que ele pudesse terminar, o jovem interrompeu.

– Foi ideia do Bob. Ele vendia de tudo: baterias, capas protetoras, planos de serviço, carregadores de carro, qualquer coisa. Mas no ano passado, ele decidiu não vender nada mais além de telefones novos.

– E por que ele fez isso?, Sydney perguntou como um advogado interrogando uma testemunha no julgamento.

– Por que diabos eu deveria saber? Eu ganho oito dólares por hora. A única razão por que estou nesta merda de trabalho é porque eu fiquei bêbado na noite anterior ao meu exame para a universidade. Agora não consigo nem entrar para a faculdade e tenho que passar os meus dias ouvindo essa música horrorosa e lidando com caras como vocês.

Sydney optou por ignorar a angústia do adolescente e perguntou calmamente:

– O que Bob lhe disse sobre essa decisão?

O jovem olhou para Sydney, suspirou, e finalmente disse:

– Bob disse que todas as lojas nos Estados Unidos estão fazendo a mesma coisa e ele queria ser diferente. Ele percebeu que, com as novas tecnologias, 3G e outras semelhantes, cada vez mais as pessoas iriam comprar novos telefones celulares nos próximos anos, em vez de acessórios para telefones antigos, então ele resolveu não vender mais nada além de telefones novos.

Em seguida, o jovem voltou para trás do balcão, colocou seus magros cotovelos sobre o tampo de vidro, e, como se estivesse cansado, apoiou o queixo nas mãos.

– Obrigado, disse Sydney secamente, pegando Rory pelo braço e levando-o para fora da loja, de volta para o carro.

O rapaz agarrou seu telefone celular, teclou uns números e logo estava conectado a um de seus amigos. "Dave, sim, sou eu de novo. Você não acreditaria na merda que tenho que aturar aqui".

Em seguida, uma pausa e: "você acha que eu poderia entrar na escola de cinema?"

– Onde é a Hollister?, Rory grunhiu, enquanto dava marcha a ré com o carro e retornava para Price Street. Eles andaram apenas duas quadras até chegar à Hollister Street. Rory girou o volante para a direita e, em questão de segundos, avistou uma placa com um telefone celular feito de madeira, do tamanho de uma prancha de surfe, berrando "Beach Celular", do lado esquerdo. Ele enfiou o carro entre duas motonetas e um caminhão de entrega e, em seguida, se encaminhou para a loja. Aparentemente, dessa vez Sydney não foi convidado a acompanhá-lo. Dois minutos depois, ele voltou, acenou com o telefone para Sydney e pulou para dentro do carro.

– Muito fácil, disse Rory, colocando o telefone no porta-copos antes de voltar para a rua. Ele estava tentando ignorá-lo, mas seu estômago faminto protestava com raiva, pois já passava de uma hora da tarde. Sem consultar Sydney, ele rumou para o sul, em direção à praia, passando por mais lojinhas e turistas de todos os tipos pelas calçadas, e encontrou o Wendell's Ocean Café. Ele estacionou o carro e, sem olhar para Sydney, disse:

– Está bom para você?

Sydney assentiu e os dois se dirigiram para o café à beira-mar.

– Dentro ou fora?, indagou a indiferente recepcionista, obviamente anestesiada pelo efeito de fazer a mesma pergunta repetidamente.

Rory e Sydney deram uma olhada em volta e, em uníssono, disseram "fora". Sydney foi motivado pelo sol dourado, enquanto Rory foi tentado pelas macias almofadas das cadeiras ao ar livre. A recepcionista pegou dois cardápios de uma pilha a seu lado e os conduziu através de um labirinto de mesas, passando pelo bar e transpondo um grande conjunto de portas duplas que davam para a área do pátio, onde havia aproximadamente uma dúzia de mesas redondas adornadas com o símbolo da cerveja patrocinadora e guarda-sóis que ondulavam levemente sob o efeito da brisa do mar.

– A garçonete já irá atendê-los, disse a recepcionista, colocando os cardápios sobre a mesa e fazendo com que o guardanapo do lado de Rory voasse.

Eles examinavam o cardápio, quando a garçonete, uma morena aparentando cinquenta e poucos anos, com a pele curtida de sol, talvez pela falta de protetor solar, se aproximou.

– O que vão querer, rapazes?

Sydney olhou para ela, com um sorriso maroto, e perguntou:

– O que tem de bom aqui no Wendell's?

– O Wen-dells, doçura, caso você queira se misturar aos habitantes locais, disse ela, lançando um olhar suspeito em direção à praia e a um homem, trajando um Speedo nada sedutor, que portava ostensivamente um detector de metais.

– Wen-dells, é? E o hambúrguer?

– É o melhor na região de San Luis Obispo.

– Traga um. E para acompanhar traga também uma cerveja Moosehead.

– Prefere as cervejas canadenses, né? E para você?, ela perguntou virando o bloco e a caneta para Rory.

– Salada de atum e um chá gelado.

E diante do olhar desconfiado de Sydney, Rory acrescentou com um sorriso maroto:

– Tenho que manter a minha forma de menino. O comentário não conseguiu provocar o riso dos espectadores.

Rory pegou um guardanapo da mesa ao lado e colocou, bem arrumadinho, sob os seus desgastados talheres. Sydney se recostou na cadeira e respirou profundamente os ares marinhos, banhando o seu rosto no cálido sol da tarde. Ainda remexendo com os utensílios, tentando colocá-los no meio do guardanapo, Rory disse:

– Eu não consigo me conformar com o fato de a loja daquele Bob não vender baterias. Que tipo de loja de celular não vende baterias?

Com a cabeça recostada para trás, Sydney respondeu:

– Por que ele tem que vender baterias, Newman?

– Porque é isso que as lojas de telefone celular fazem, retrucou Rory.

– Pelo visto, nem todas.

– E você acha que isso é uma boa jogada?

– Eu não disse isso.

– Então, o que as lojas de celulares *deveriam* vender?

Sydney torceu o pescoço de um lado para o outro, produzindo um sonoro estalo, e em seguida respondeu:

– Parece-me que Bob respondeu a pelo menos uma das perguntas fundamentais de estratégia.

A faca que Rory deslizava suavemente ao lado do guardanapo, deu um salto para a frente sob o impacto daquelas palavras. Ele estava prestes a responder, seus lábios se separaram, quando ele parou. Bob respondeu a que pergunta? Missão? O que o impulsiona? Ele usou as quatro lentes de alguma forma criativa?

A garçonete colocou uma cesta de palitinhos de alho no meio da mesa e disse simplesmente "aproveitem", ficando por ali, parada, como se esperasse resposta.

Sydney pegou um, colocou-o sob o nariz como um charuto, deu uma gargalhada e, em seguida, com uma enorme mordida, engoliu metade do palitinho. A garçonete foi embora rapidamente.

Rory continuou a refletir sobre a declaração de Sydney e recapitulou o episódio na loja. A que pergunta Bob respondeu?

Relembrando a conversa na loja, ele parou quando chegou ao ponto da revelação do jovem de que "Bob disse que toda loja na América está fazendo a mesma coisa e ele queria ser diferente". Rory pegou um garfo e apontou-o para Sydney.

– É o que vender.

– O que é?

– A pergunta seguinte. É "o que você vende?"

– Agora você sabe tanto quanto Bob, Sydney disse brincando. Sim, essa é a pergunta seguinte. Conhecendo a sua missão, o que o impulsiona, e que tipo de empresa é a sua, é preciso saber exatamente que produtos e serviços você vai vender.

– E, para isso, você usa as quatro lentes, certo?

Sydney limpou um pedaço de alho do canto da boca e tomou um gole de sua garrafa de cerveja verde e gelada.

– Exato. Elas irão ajudá-lo a responder a duas perguntas básicas sobre o que vender.

Ele parou e pegou o último pão de alho, mas, antes de devorá-lo, ele o partiu no meio e colocou a metade no prato de Rory.

– E então, quais são as duas perguntas básicas?, Rory perguntou enquanto cortava o pão em pedaços iguais para comer.

– Muito simples. A que produtos e serviços daremos mais ênfase, e a quais daremos menos ênfase?

– Vou partir daqui, disse Rory de forma confiante. Comece com o coração. Que produtos e serviços são nossas maiores paixões? E então, qual deles temos talento para produzir melhor do que ninguém no mundo? Ele agora estava com toda a corda e as palavras lhe vinham com facilidade. Em seguida, quais os produtos e serviços que melhor se adaptam à nossa tecnologia? E, finalmente, e talvez o mais importante, que produtos e serviços são rentáveis e estão destinados a crescer?

Exultante, Rory tomou um gole de seu chá gelado e bateu o copo plástico sobre a mesa, antes de prosseguir.

– Se respondermos a todas essas perguntas, podemos determinar a que produtos e serviços devemos dar mais e menos ênfase.

Antes que Sydney pudesse responder, os pratos chegaram, porém não foram servidos pela garçonete cor de tição, mas colocados cuidadosamente sobre a mesa por um solícito auxiliar de garçom visivelmente não acostumado a lidar com clientes. Após a solenidade de entrega das refeições, ele se retirou sem uma palavra. Sydney e Rory deram de ombros e, em seguida, "mergulharam" em seus pratos com vontade. O que se seguiu foi uma coreografia de garfos, facas, pedidos de sal e pimenta, cerveja e chá gelado, que só terminou quando ambos os pratos estavam mais vazios do que as ruas de Green Bay em um domingo de futebol.

Rory se afastou da mesa um pouco, balançou a perna direita sobre a esquerda, e disse:

– Ok, no meu entender, essa questão é de grande relevância para as empresas que são movidas por um foco em produto e serviço, mas não se aplica a outras áreas de foco sobre as quais nós falamos?

– Quais são essas áreas?, perguntou Sydney.

– Isto é um teste? Diante do silêncio de Sydney, Rory sentiu que era exatamente isso. Ele fechou os olhos e ouviu as ondas batendo suavemente na praia. A serenidade daquele som se misturava aos gritos de crianças brincando e de mães implorando: "volte aqui... você está muito longe... você está me ouvindo?" Finalmente ele disse:

– Produtos e serviços, clientes e mercados, capacidade e competências, tecnologia, matérias-primas, e... Ele buscou mais algum item, mas nada mais lhe ocorria. O que seria? E então, quando Sydney mudou de posição na cadeira, o sol bateu em seu exagerado anel ao estilo Keith Richards, e a conversa QVC² voltou.

– Canais de vendas, Rory bradou.

– Fico feliz em saber que você prestou atenção. A questão se aplica independentemente de sua motivação. Não pude deixar de notar que você ficou impressionado com este meu anel, disse Sydney, erguendo o dedo mínimo. Talvez possamos conseguir um para você.

"É, e uma linda tatuagem dizendo 'Mãe' para combinar com ele", Rory pensou sarcasticamente.

Colocando a mão de volta sobre a mesa sem tirar o olho do anel, Sydney prosseguiu:

– De qualquer forma, uma empresa cuja atuação está centrada em um canal de vendas como a QVC ainda tem que definir o que vender. Isso, aliás, é fundamental para eles. O mesmo ocorre com a Playboy ou a Johnson & Johnson, que são movidas por clientes e mercados.

Satisfeito com esta resposta, Rory decidiu redirecionar a conversa.

– Voltando ao Bob, você acha que isso é uma boa decisão, só vender telefones novos? Quero dizer, muitas pessoas que adquirem novos telefones compram acessórios ao mesmo tempo; uma capa protetora, talvez, ou um adaptador para carro. Eu compro.

Sydney se aproximou da mesa, e respondeu:

– Em primeiro lugar, eu disse que *aparentemente* Bob havia respondido a uma das perguntas. Mas provavelmente ele tenha feito isso como a maioria dos empresários e equipes de gestão, por acaso. Se ele tivesse seguido todo o processo do qual nós estamos falando, teria feito algumas perguntas criativas no início, algumas questionando o que os clientes que-

---

[2] N.T.: QVC, é uma multinacional de West Chester, Pensilvânia, EUA., especializada em vendas pela TV. Fundada em 1986 por Joseph Segel, a QVC transmite, em quatro dos principais países, para 141 milhões de consumidores. O nome são as iniciais para "Qualidade, Valor, Conveniência", aparentemente os três pilares da visão de Segel para a empresa.

rem. Se tivesse feito isso, ele poderia ter visto que, como você disse, os clientes que compram novos telefones também compram acessórios.

Enquanto Rory digeria seu almoço e as palavras de Sydney, um *frisbee* voou em sua direção, vindo da praia. O disco girou desgovernadamente e caiu no colo de Sydney. Quando o arremessador do objeto errante se aproximava, vindo da praia, Sydney pegou o *frisbee*, tomou impulso e o lançou com força, fazendo com que o brinquedo passasse zunindo sobre a cabeça de seu perplexo dono e pousasse sobre a crista de uma onda que estava quebrando. Em seguida, Sydney se sentou e continuou:

– O planejamento estratégico é um processo, Newman. Você não pode fazê-lo em pedaços, você tem que passar por todo o caminho até chegar aos resultados. E após uma pausa, ele acrescentou com uma risada: talvez seja por isso que Bob está dormindo no meio do dia.

15
Você Sabe o que Nietzsche Disse sobre as Equipes?

A 1:45h, Rory e Sydney estavam de volta à Rodovia 101 com as ondas da praia de Pismo no espelho retrovisor e o sopé das montanhas de Arroyo Grande diante de seus olhos. Para combater a sonolência pós-almoço, Rory se virou para Sydney, que estava totalmente ocupado com uma mensagem de texto, com seus dedos do tamanho de um charuto tentando manusear com suavidade nas teclas do telefone. Rory decidiu aproveitar que seu celular agora estava totalmente carregado e ligou para Hannah, a fim de atualizá-la sobre seu progresso. Ela estava um tanto assustada com o fato de que já eram 2 horas e eles ainda tinham quase 480 quilômetros para percorrer até chegar a San Diego, mas esse medo não era nada em comparação com os inúmeros desafios que estavam surgindo à última hora com relação à reunião de família. O principal era a decisão repentina de uma parte da família, moradores do Nordeste dos EUA, de comparecer, o que deixou os organizadores em apuros. Quem iria buscá-los no aeroporto? Onde eles iriam dormir? Alguém, de fato, os conhecia? Rory logo se viu preso em um repetitivo ciclo de "ahams" e decidiu que a ligação havia ido mais longe do que deveria. Ele se despediu e dirigiu novamente a atenção para a estrada.

Eles estavam ao sul de Arroyo Grande, mais ou menos no meio do caminho para Nipomo, uma pequena cidade cujo nome é adequadamente derivado de "Nepomah", uma palavra Chumash, que significa *pé de montanha*, quando algo começou a incomodar Rory. Seus pensamentos começavam a se definir quando, mais próximos da cidade, eles passaram por um campo cheio de famílias soltando pipas. "Que estranho", Rory pensou, "não é sempre que se vê isso". Havia pipas grandes, pipas pequenas, de todas as cores possíveis. Elas balançavam na refrescante brisa da tarde, com as crianças menores segurando firmemente nas linhas brancas que as ligavam ao chão. O espetáculo transportou Rory de volta aos tempos de sua infância, às sonhadoras manhãs de domingo quando seu pai o levava ao parque para dar pedaços de pão branco aos vorazes patos e passar a tarde correndo livremente e soltando pipas ao vento. Infelizmente, a terna chama das boas lembranças rapidamente se apagou quando a pergunta insistente voltou a perturbá-lo, exigindo uma resposta: "Como é que se faz isso?"

Sydney vivia lhe dizendo "raciocinando, você pode encontrar saída para qualquer situação", e ele certamente havia lhe dado um curso intensivo em planejamento estratégico, do qual ele tanto estava necessitando. E ainda havia mais por vir, sem dúvida, mas Rory subitamente estava obcecado em responder como fazer aquilo – como eles orquestrariam o processo real. Ele se virou para Sydney, que acabara de enviar a mensagem e usava fones de ouvido, agora escutando sabe-se lá o quê em seu iPod. Rory se esticou e cutucou Sydney acima do cotovelo.

– O que você está escutando?

O queixo de Sydney se moveu para a frente e ele colocou a mão na orelha, transmitindo, com o gesto, um "o quê"?

– O que você está escutando?, Rory repetiu devagar.

Sydney, um tanto irritado com a inconveniência, tirou os fones de ouvido e disse:

– O Writer's Almanac, com Garrison Keillor, excelente *podcast*, você conhece? Parece que eu faço aniversário no mesmo dia que Frank Norris, que escreveu *McTeague*. Você leu esse?

– Não. Escute, Sydney, eu estive pensando...

– Isso explica o cheiro de cabelo queimado aqui dentro.

– Sim. De qualquer forma, você me deu muitas ideias boas, mas... Ele hesitou, e então continuou, mas, como se faz isso? Quero dizer, como exatamente se responde a essas perguntas? Diga-me o que se faz agora.

– Como assim?

– Bem, por exemplo, o que você fez lá em Napa.

Nós comemos bem, foi a primeira coisa que veio à mente de Rory, o filé de búfalo, especificamente, que deixou uma impressão indelével, mas ele não ousou revelar esse pensamento a Sydney. "Eu somei 81 tacadas no campo de Pines", essa foi a segunda lembrança, mas, da mesma forma, Sydney certamente não estava interessado em partidas memoráveis de golfe com taquinhos de ferro em campinhos do tamanho de uma caixa de fósforo.

– E então?, perguntou Sydney, impaciente.

Rory estava nervoso com sua incapacidade de responder a uma pergunta tão simples, porém importante. Ele estava inquieto em seu assento, mas logo parou quando começou a sentir novamente as assaduras causadas pela sela das quais ele estivera tentando desesperadamente se livrar. Não que ele não levasse as sessões a sério, mas, pensando bem, ele supunha que o seu descontentamento com as mesmas haviam levado seu pensamento a se apegar a diversões mais agradáveis. Finalmente, ele respondeu.

– Cerca de 15 pessoas da nossa equipe se sentaram ao redor de uma mesa durante três dias, juntamente com um facilitador da área de criatividade que Carson contratou, na tentativa de gerar ideias".

– Sobre o quê?, Sydney perguntou.

Sobre o nosso negócio. O facilitador disse que não existiam ideias ruins, de modo que nós falamos de tudo, desde a ideia de colocar suportes de bebidas geladas em nossas esteiras e pintar as esteiras em forma de animais até a instituição de meio-expediente de trabalho às sextas-feiras durante o verão.

– E quem falou a maior parte do tempo?

Rory hesitou, como uma testemunha prestes a dedurar um chefe de mafiosos e, em seguida, disparou:

– Mark, Rick e Heather. Eles sempre falam **90%** do tempo. Pobre Mel, após as sessões ele me conta tudo sobre suas grandes ideias, mas não consegue emitir sua opinião diante deles, ninguém consegue. Eu olhava, furioso, para o facilitador, mas ele simplesmente continuava preenchendo as folhas e dizendo, "continuem".

– Ninguém mais falou?

– Um pouco, mas foi mais para concordar com o que eles diziam. Ninguém gosta de discordar de Mark, ele é explosivo. Que pesadelo!

– Que materiais vocês tinham nas sessões?, perguntou Sydney, enrolando seus fones de ouvido em um perfeito círculo em volta dos dedos.

Rory estava chocado com aquela entediante demonstração e precisou ser cutucado novamente por Sydney antes de responder.

– Newman, que materiais?

– Sim, desculpe. Bem, vejamos, nós tínhamos nossos relatórios financeiros do ano passado, e... Ele fez uma pausa. Só isso.

Agora eles haviam entrado no Condado de Santa Barbara, com a Cidade de Santa Maria, a maior do condado, despontando à direita. À esquerda, havia um panorama de vinhedos verdejantes, cobrindo as ondulantes encostas. Sydney observou a paisagem bucólica por um longo intervalo, e assim continuou quando começou a falar.

– Eu estou lhe dando um F, Newman, mas eu daria um F para 90% das empresas em todo o mundo, também, então não esquente a cabeça. Depois, ele inclinou a cabeça em direção a Rory e disse: Você sabe o que Nietzsche disse sobre as equipes, não sabe?

Após mais uma cara de você-só-pode-estar-brincando de Rory, Sydney completou sua citação do filósofo do século XIX.

– Ele disse que "a loucura é a exceção nos indivíduos e a regra nas equipes".

Como Rory continuava a não esboçar qualquer reação, Sydney prosseguiu. – Por onde começar? Não vamos complicar as coisas. O que fazer antes da reunião e o que fazer quando chegar lá, tudo bem?

– Claro.

– Vamos começar com o "antes". Você não pode querer ter discussões produtivas sobre estratégia munido apenas dos seus relatórios financeiros. A primeira coisa a fazer é distribuir com antecedência materiais estimulantes para a sua equipe. Isso remete às questões criativas sobre as quais conversamos no El Mariachi, lembra? Questões sobre os seus mercados, os seus clientes, sobre as tendências, sobre tecnologia e, é claro, sobre considerações financeiras. Entreviste a sua equipe, converse com os clientes, passeie no esgoto elétrico, e prepare um relatório que você possa utilizar para levantar questões específicas na reunião. As questões fundamentais sobre as quais estamos conversando.

– Então nós distribuímos esse relatório para as pessoas na reunião?

– Não!, gritou Sydney, forçando sua voz dissonante com aquele grito feroz. Você o entrega às pessoas com antecedência para que elas o leiam antes de chegar à reunião. Nas minhas empresas, quando nós tínhamos reuniões fora, eu inspecionava pessoalmente os relatórios da minha equipe antes que ela entrasse na sala, procurando anotações nas margens, passagens sublinhadas, orelhas nas páginas, provas de que eles haviam feito seu trabalho de casa. Respondendo à expressão cética de Rory diante dessa medida aparentemente draconiana, ele continuou. É claro que alguns poderão marcar o relatório cinco minutos antes, mas a sua falta de preparação logo ficará evidente na reunião. Nesse momento, Sydney praticamente vibrou, reverenciando a si mesmo.

A palestra foi temporariamente interrompida quando Rory passou por um ônibus amarelão que trafegava pela pista do meio. Em sua lateral, batendo com força entre as bordas adornadas com fita isolante, havia uma placa com os dizeres "Ou LA ou racha, Liga Jovem de Futebol de Garey". O barulho ensurdecedor do ônibus abafava facilmente qualquer ruído da estrada, silenciando até mesmo a voz de barítono de Sydney. Eles levaram cerca de um quilômetro e meio para livrar-se da lata velha, mas quando o silêncio voltou, Sydney se saiu com uma metáfora adequada para o ponto seguinte que ele queria abordar com Rory.

– Você consegue se imaginar dentro daquele ônibus. Cheio de crianças berrando, clamando por atenção e contando diferentes histórias. De certa forma, suas reuniões são exatamente assim, Newman.

– Como assim?

– As suas reuniões me parecem sem foco nem disciplina. Provavelmente pelo fato de o seu facilitador dizer que não existem ideias ruins, vocês são como aquelas crianças, que gritam a primeira coisa que lhes vem à cabeça. Não é assim que se desenvolve uma estratégia. Com a estratégia, você *enfoca* as questões, você sabe os resultados que deseja alcançar. Daí as questões que eu estou compartilhando com você seguirem uma sequência definida. Elas se constroem umas sobre as outras para que você se mantenha focalizado, porém sempre se aproximando de uma estratégia tangível.

– Seja mais específico, por favor, Rory pediu.

– Eu achei que o tivesse sido. Cara, o que você quer, que eu vá e conduza as suas reuniões por você?

Rory ficou pensativo por um momento, enquanto Sydney disparava ordens e as veias sob a sua bandana estavam a ponto de explodir, à medida que ele marchava ao redor da sala em sua bermuda cargo e suas botas, cujo bico duro provavelmente estava pronto para encontrar os traseiros moles daqueles que não quisessem ou não pudessem acompanhar o seu ritmo. Uma visão prazerosa de Mark sendo atirado para o ar foi intempestivamente interrompida quando Sydney continuou.

– Ok, estude o relatório antes da reunião e, na reunião, use-o, assim como as quatro lentes, para estimular a discussão e gerar respostas às perguntas fundamentais sobre estratégia que eu lhe dei. Nem mais, nem menos.

Com a imagem de Mark fresca em sua mente, Rory perguntou:

– Ok, mas mesmo que se tenha as perguntas certas, como se consegue o envolvimento de todos?

– Fácil. Divida o grupo. Eu acho *brainstorm* com grupos grandes uma péssima ideia. O que acontece com vocês acontece em toda parte, há sempre dois ou três tagarelas que dominam e gostam de monopolizar a situação a partir de seus pequenos tronos. Enquanto isso, as pessoas com ideias coerentes, como o seu amigo Melville, se calam. Nesse caso, então, você faz o seguinte: se houver 15 pessoas, divida-as em grupos de 3 ou 4.

– Mas 15 não é divisível por 4, disse Rory, brincando, mas Sydney não captou a sutileza.

– Alguém já lhe disse que você é literal demais, Newman? Como eu disse, divida-os. Quando as pessoas estão em grupos de 3 ou 4, as normas sociais de participação começam a funcionar e todos sentem que precisam cooperar, logo falarão mais. Além disso, dessa maneira, em vez de se gerar uma ideia de cada vez, podem surgir três ou quatro, ou tantas quanto o número de grupos que você tiver. E, pela minha experiência, esses grupos pequenos são ótimos para gerar conflitos produtivos e não-ameaçadores, do tipo que você precisa para dar continuidade à sua pauta e chegar aos resultados.

– Fale mais sobre essa última parte.

– Conflitos. São fundamentais para se chegar às respostas reais. Você disse que a sua equipe, em sua maioria, apenas concorda com o que é dito. Muitas pessoas não se sentem à vontade para questionar seus parceiros, especialmente em público, mas é preciso que haja um pouco de divergência para que as pessoas realmente explorem suas especulações a fundo, de modo que eles possam, de fato, explorar as suas convicções. A falta de conflito é a razão de a maioria das reuniões ser mortalmente tediosa. Eu adoro apimentar as coisas nas minhas reuniões com questões difíceis e claras divergências. Mas nunca o faço de maneira pessoal, eu nunca ataco ninguém. Eu os forço a articular as suas convicções; dou-lhes a chance de me convencerem. O seu CEO precisa definir o nível em que isso deve acontecer, deixando claro que o conflito construtivo, com uma pequena lapidada, é positivo, mas nunca deve enveredar pelo lado pessoal.

Rory refletiu sobre a questão, concentrando-se no argumento de Sydney sobre a capacidade do conflito para superar o fator "tédio", tão elevado na maioria das reuniões. Aquilo o fez pensar nas reuniões em Napa e lembrar de sua jovem colega, Karen. Pela manhã ela era o exemplo da energia jovial, com os olhos brilhando, a expressão engajada. Mas, no decorrer do dia, especialmente depois do almoço, ela literalmente se degenerava diante de todos: olhos enfraquecidos, rosto inchado, pele pálida. Em poucas horas, ela passava de uma mulher jovem, atraente e motivada a foto de prisioneiro de Macaulay Culkin.

– Cada grupo responde à mesma pergunta, ou devem ser dadas perguntas diferentes a eles?, Rory perguntou, passando agilmente para o assunto seguinte, enquanto a pergunta estava fresca em sua mente.

– Boa pergunta, Newman. Isso fica a seu critério. Você pode fazer com que cada grupo trabalhe uma pergunta diferente, depois entregando os relatórios para a equipe completa, mas eu acho melhor que todos os grupos trabalhem a mesma pergunta. Em seguida, você procura por semelhanças e pontos de divergência, antes de finalizar. Além disso, dessa maneira todos participam e contribuem a cada pergunta, e para que a sua estratégia seja bem-sucedida, é preciso que todos sintam ter dado sua contribuição. Ah, e uma última coisa sobre as equipes. Coloque todos os tagarelas, como Mark, no mesmo grupo. É como no livro *O Senhor das Moscas*, você vai adorar.

A enxurrada de palavras ainda fluía quando Rory passou por um Toyota Camry cor de bronze, brilhando. Um homem mais velho, com seus sessenta e muitos anos, estava junto ao motorista, um homem de aproximadamente 40. Ambos estavam sentados impassíveis, enquanto, atrás, uma ativa e animada senhora grisalha parecia falar incessantemente. No banco de trás ia também uma mulher, aparentando cerca de 20 anos, muito parecida com a tagarela. Pela janela, a mulher mais nova contemplava alegremente a larga e escura autoestrada, que desaparecia debaixo do carro.

Sydney observou o grupo e, encarando propositalmente a verborrágica mulher mais velha, disse:

– Você pode fazer tudo o que nós acabamos de conversar para melhorar as suas reuniões, construir uma ótima estratégia, e ser um grande sucesso, ou você pode simplesmente matar a sogra do CEO.

– O quê?, foi a resposta de Rory, atônito.

– Um estudo realizado na Dinamarca descobriu que a lucratividade de uma empresa cresceu em média 7% nos dois anos que se passaram após a sogra do CEO ter falecido.

– Como dizia a *minha* sogra, você é uma figura, Sydney.

– Tem gente para tudo.

16
Two Thumbs Up[1]

– Estamos andando bem agora, Rory garantiu a si mesmo quando eles passaram rapidamente por Los Alamos, onde a Rodovia 101 iniciava uma curva em direção ao sul, a caminho de Buellton. Na opinião de Rory, o cenário havia passado de lindo a absolutamente estonteante, verdadeiramente inspirador. Ele estudou a paisagem que ia ficando para trás, perguntando-se por que essa parte da viagem sempre tinha um efeito tão forte sobre ele, e acabou concluindo que eram os contrastes: as gavinhas repletas de folhas verdes estendendo-se a partir dos vinhedos nodosos; a interação entre luz e sombras nas Montanhas de Santa Ynez, que banhava algumas partes com uma luz muito brilhante e criava profundos canais de escuridão em outras; e as curvas na estrada proporcionavam um contraste definitivo às longuíssimas retas que caracterizavam o trecho norte da Rodovia 101. Aqui, de Los Alamos a Gaviota, não bastava conduzir, mas, de fato, dirigir. Rory adorava. Seus dedos apertavam o volante conforme o carro "abraçava" as curvas, enquanto todo o seu corpo era envolvido pela agradável tensão que se sente quando se está totalmente empenhado em uma tarefa desafiadora, porém prazerosa.

Com a mente totalmente ocupada com a pilotagem, Rory estava bastante distraído quando Sydney, antes surpreendentemente quieto, gritou:

– Vire aqui, aqui, aqui!, na junção da Rodovia 101 com a Rodovia 246. Rory respondeu ao grito primal e puxou o volante abruptamente para a direita, fazendo o Mercedes dar uma violenta derrapada ao entrar

---

[1] N. T.: Roger Ebert é um dos críticos de cinema mais famosos nos EUA e ele tem um programa de TV no qual analisa os filmes. As expressões que ele usa quando vai avaliar o filme são *thumbs up*, quando o filme é bom, ou *thumbs down* quando é ruim e quando o filme é excelente ele usa *two thumbs up*, que é o título deste nosso capítulo e o leitor entenderá exatamente o porquê.

na rampa de saída. O velocímetro ainda marcava cerca de 100 quilômetros por hora quando Rory avistou uma luz vermelha a menos de 50 metros adiante. Ele pisou forte no freio, fazendo com que o carro se desviasse para a direita, parando a poucos centímetros da arranhada imagem de uma gazela que adornava a traseira de um gigantesco *trailer*.

Enquanto o carro tremia por causa da brusca freada, Sydney se contorcia em seu assento, frustrado em suas tentativas de se esquivar daquela Grande Muralha à sua frente, que o estava impedindo de enxergar o que havia do outro lado. E então, quando o sinal abriu e Rory começou a andar, foi possível enxergar a primeira pontinha. E quando o *trailer* fez a curva, as letárgicas palhetas se tornaram inteiramente visíveis, enquanto Sydney gesticulava como um louco:

— Lá está!

Rory sorriu ao atravessar o cruzamento, desceu uma suave ladeira e entrou no estacionamento do hotel Buellton Days Inn, cuja assinatura era o moinho de vento girando lentamente. Ele passou pela administração, adentrando mais o local, enquanto Sydney apalpava freneticamente os bolsos e exclamava:

— Onde está aquela maldita câmera?

— Então você gostou de *Sideways*, não? Rory perguntou, provocando. Ele se referia ao filme de 2005, sobre dois amigos que pegam a estrada juntos, atravessando as terras produtoras de vinho, antes de um deles fazer sua viagem, sem volta, até o altar. Partes do filme foram feitas exatamente nesse hotel. Rory não gostara muito do filme, e estava chocado com o fato de Sydney gostar de algo tão sentimental.

— Você está maluco? Eu gosto de *Um Drink no Inferno*, gosto de *Planeta Terror*, qualquer filme do Robert Rodriguez, mas *Sideways*? Não, não. Ele fez uma pausa, e depois completou: se aquele banana no filme, aquele tal de Miles, fosse meu amigo, eu iria socando-o daqui a Santa Barbara.

— Então por que você me obrigou a fazer aquela manobra *kamikaze* para chegar até aqui?

— Minha namorada adorou o filme. Assistiu três vezes e sempre me obrigava a ir junto, gritando e espernando. Se ela soubesse que eu passei por esse lugar e não tirei uma foto, eu passaria por maus bocados.

Rory não se convenceu.

– Ok, deixe eu ver se entendi, você assistiu ao filme três vezes, comenta sobre a motivação de um dos personagens principais, e odiou o filme. Se você o detestou tanto, como sabia exatamente onde o hotel ficava?

– Humm, qualquer pessoa sabe, Newman. Onde está a maldita câmera? Ele continuou a retirar tudo dos seus bolsos, mas não conseguiu encontrar a câmera perdida. Acho que o celular vai ter que resolver, resmungou ele ao sair do carro e olhar, embasbacado, para o segundo andar do prédio. Ele então ergueu o telefone, direcionando-o a uma fileira de portas do segundo andar. Enquanto ele gritava "Qual era o quarto mesmo?", uma camareira saiu do quarto 204, olhou para baixo, e logo continuou com seus afazeres, nitidamente acostumada com a atenção que o pequeno hotel atraía desde o lançamento do filme.

– Por que você não sobe lá e eu tiro uma foto sua, disse Rory. Sydney não hesitou: subiu correndo as escadas até o segundo andar com a exuberância de uma criança de 10 anos no *playground* durante o intervalo das aulas. Quando chegou, começou a investigar o andar, ainda procurando pelo quarto exato do filme, e buscando os melhores ângulos para uma fotografia. Finalmente parou em frente ao 206, apoiou-se com o pé direito no parapeito da varanda e fez uma pose de calendário para Rory, que tirou várias fotos até que Sydney gritou "Ok, já basta", e desceu as escadas.

Tirando o celular da mão de Rory, ele fez uma careta, desdenhando, e deu um meio-sorriso enquanto começava a conferir as fotos. Voltando para o carro, ele parou abruptamente como se estivesse em solo sagrado e disse:

– Este é exatamente o lugar onde Stephanie bateu em Jack com o capacete. Cara, ela estava tão irritada! Ele riu de sua ponderação, e completou com um ar cínico: mas ele estava merecendo.

Este segundo comentário foi o suficiente para Rory, que disse em tom acusatório:

– Admita, você adorou o filme tanto quanto a sua namorada.

– O que você achou do filme, Roger Ebert?, retrucou Sydney.

– Não estamos falando de mim, mas já que você perguntou, eu não morri de amores pelo filme. Por que você simplesmente não admite que gostou? Não é nenhum crime, afinal o filme ganhou um Oscar.

Sydney escancarou a porta do carro, fez menção para se abaixar, mas parou e voltou para encarar Rory, que havia se deslocado na direção da porta de seu acompanhante.

– Sabe, há uma lição de estratégia nisso, disse ele, furtivamente.

Rory o encarou de volta, identificando o brilho brincalhão nos olhos de Sydney, e respondeu:

– Você acha que pode me distrair com trivialidades?

– Vamos voltar à estrada e eu lhe conto tudo sobre isso.

Rory sorriu por cima do teto brilhante, mas Sydney já havia entrado no carro e esperava pacientemente retomar a viagem.

Duas simples curvas à direita e eles estavam de volta à Rodovia 101, sentido sul. Rory esquecera momentaneamente da forte possibilidade de uma outra lição sobre estratégia e estava absorvido em uma oportunidade que ele mesmo perdera, que também envolvia a Rodovia 101 e a Rodovia 246. Seguindo apenas alguns quilômetros para o leste na Rodovia 246, você chegaria à cidade de Solvang. A charmosa cidade foi fundada em 1911 por um grupo de educadores dinamarqueses que, como muitos outros antes e desde então, migraram para a Califórnia em busca de um clima melhor. Até hoje, sua herança é valorizada e preservada. Restaurantes dinamarqueses, lojas dinamarquesas e, em todos os cantos, a arquitetura dinamarquesa saúdam o visitante. Hannah cresceu sob o encanto do escritor Hans Christian Andersen, e uma foto diante de sua estátua era de praxe em toda viagem que eles faziam a Solvang. Rory só podia imaginar que uma ligação de Solvang, com ele à sombra daquela estátua, traria um pouco de alegria ao dia de Hannah.

Era tarde demais para isso, no entanto, e a urgente questão de seu relatório para Jim voltara à tona. Enquanto eles atravessavam um trecho sinuoso da estrada, que parecia cada vez mais estreito devido a uma espessa fileira de arbustos de ambos os lados da via, Rory disse sarcasticamente:

– Mas eu estou morrendo de curiosidade: o que *Sideways* tem a ver com estratégia?

– Você gostou do filme?, Sydney repetiu a pergunta que fizera anteriormente no estacionamento.

– Eu já disse. Não, não gostei.

– Minha namorada amou. Ela assistiu...

– Três vezes, eu sei, Rory interrompeu.

– Ok, ela amou, você diz que não gostou, e daí?, perguntou Sydney, enquanto continuava com o olhar perdido nas fotos de baixa resolução em seu celular.

– Daí que cinema é assim. Nem todo mundo gosta dos mesmos filmes.

– Está esquentando.

– Quantos anos eu tenho, quatro?, pensou Rory. Ele odiava esse joguinho de quente e frio, mas sabia que Sydney provavelmente não desistiria, principalmente se ele protestasse. Por fim, ele disse: "Preferências. É uma questão de preferência".

Sydney deixou o telefone de lado e fez a mímica de uma antiga câmera de cinema sendo manivelada na direção de Rory.

– Você acha que, ao fazer um filme, eles esperam que todo mundo goste, Newman?

– Tenho certeza de que eles adorariam que fosse assim, mas não é, claro que não. Eles têm um públi... Rory parou, conforme a iminente lição rapidamente tomou forma em sua cabeça. Um público, eles têm um público-alvo em mente.

Sydney nada disse. Ele percebeu que as coisas estavam funcionando.

– Então você está falando sobre escolher clientes-alvo, certo?, disse Rory enquanto conferia as conexões da corrente estratégica em sua cabeça: a missão, depois a força propulsora que o impulsiona como empresa, depois o que se vende, e, agora, para quem se vende. A progressão fazia sentido, e os clientes eram a próxima ligação lógica. Ele olhou sorrateiramente para Sydney, buscando uma afirmação. Sydney, então, se ajeitou em seu assento, inclinou a cabeça para trás com toda a pompa e, quando ia abrindo a boca, Rory sentiu um frio na espinha quando algo lhe ocorreu: "lá vem mais uma citação..."

– Eu não posso lhe dar uma fórmula garantida para o sucesso, mas posso lhe dar uma fórmula para o fracasso: tente agradar a todos o tempo todo. Sydney concluiu a frase inclinando triunfantemente seu largo queixo com a barba por fazer.

– Isso não parece algo dito por Shakespeare ou algum general alemão. Essa foi uma frase original de Sydney Wise?, perguntou Rory, aliviado.

– Ah, Newman, Sydney deu uma boa gargalhada, fazendo com que Rory franzisse a testa, intrigado. Você é uma figura. Quando a risada chegou ao fim, Sydney prosseguiu: não, mas obrigado por atribuir a mim as palavras do primeiro contemplado com o Prêmio Pulitzer. Não, essa não é de Sydney Wise, é de Herbert Bayard Swope.

Rory se conteve para não dar uma guinada para o acostamento e jogar seu convencido passageiro contra a porta do carro. É incrível quão rápido a mente pode funcionar quando está engajada em alguma maldade. Ele tinha tudo planejado. "Puxa, desculpe", ele diria, "tive que desviar para não atropelar um coelho". Ah se ele tivesse um botão que ejetasse o assento do carona, ao estilo James Bond! Ele podia até imaginar Sydney voando pelos ares e caindo em queda livre a 300 metros do chão. Felizmente, a maturidade reinou e Rory absorveu com dignidade mais uma "alfinetada" em sua habilidade intelectual, retornando ao assunto em questão.

– Você está... quer dizer, Herbert estava certo. Não se pode tudo para todos. É preciso enfocar um grupo de clientes-alvo.

– Então, como vocês fazem isso na Kitteridge?

– Nós analisamos bastante a concorrência e buscamos lacunas que possamos explorar.

– Ah, Sydney respondeu, nitidamente desapontado.

– O que foi?, exigiu Rory.

– Então vocês olham primeiro para os concorrentes?

– Isso mesmo, Rory franziu a testa, você não acredita em análise da concorrência?

– Você já comprou algum livro pela Amazon, Newman?

Olhando bem, era possível ver que os olhos de Rory faiscavam de desprezo. "Por que esse cara não pode dar uma resposta direta?!", ele perguntava. Mas Sydney estava orquestrando as regras desse jogo para que Rory as seguisse, como sempre.

– Sim, muitas vezes.

– Você sabe quem é o CEO da Amazon?

– Claro, é Jeff... Jeff, hum, Jeff Bezos.

– Certo. Ele tem uma grande filosofia que eu acho que se encaixa perfeitamente nessa discussão. Ele sempre diz à sua equipe que se preocupe com os clientes, não com os concorrentes, sabe por quê?

– Por quê?, quis saber Rory.

– Porque são os clientes que têm o dinheiro. Os concorrentes nunca lhe darão nada a ganhar.

Rory peneirou as palavras como grãos de areia passando por uma bateia, à procura da pepita de ouro no conselho de Sydney. A ideia básica lhe pareceu atraente, porém demasiadamente simplista e destituída de agressividade suficiente para o competitivo universo dos negócios hoje em dia. Como se sentisse sua apreensão, Sydney disse:

– Veja bem, eu sei que parece simples demais para ser verdade, mas pense no seguinte: O que acontece quando você enfoca primeiro os seus concorrentes? Vou lhe dizer o que acontece, você começa a imitá-los, depois eles passam a imitar você, e, assim, todos os participantes do mercado perseguem o último pedaço de demanda existente, em um jogo que nada acrescenta e ainda acaba por reduzir as margens de lucro para todos.

– Então você não acha que se deva prestar atenção aos concorrentes?

– Há um Grand Canyon de diferença entre prestar atenção e enfocar algo, meu amigo.

A referência ao Grand Canyon direcionou a atenção de Rory de volta para a rota que eles seguiam, descendo a Gaviota Pass por um estreito desfiladeiro que obscureceu completamente o sol, fazendo-os mergulhar em súbita escuridão. A oeste, na direção da Rodovia 101 sentido norte, os viajantes passariam pelo túnel Gaivota de 130 metros, um famoso ponto de referência que Rory rapidamente se lembrou também estar presente em *Sideways*, o filme que gerara toda aquela discussão.

– Você concorda comigo, Newman?

Eles passaram pelo paredão de um desfiladeiro particularmente íngreme e robusto, coberto por redes para proteger as estradas de eventuais deslizes de pedras, e Rory, aos poucos, foi retomando a conversa.

– Então você está dizendo que devemos prestar atenção em nossos concorrentes, mas sem nos concentrarmos exclusivamente neles, é isso?

– Exatamente, disse Sydney em um tom indecifrável. Leia seus relatórios anuais, ouça os noticiários, mantenha-se atento ao que os grupos do setor estão dizendo, é claro. Mas jamais permita que as ações dos concorrentes o deixem tentado a desviar sua atenção daqueles que realmente importam, aqueles que lhe dão a ganhar, os seus clientes.

A conversa cessou quando o Mercedes ultrapassou o desfiladeiro e revelou o grandioso Pacífico, que se estendia diante deles como um colossal lençol azul-cintilante.

– Olhe isso, sussurrou Sydney, admirado, enquanto eles observavam a impressionante paisagem, brilhando sob o mítico sol californiano.

Agora, seguindo um acentuado curso para a esquerda, a Rodovia 101 acompanharia o litoral arenoso pelos próximos 100 quilômetros, até Ventura. Embora já passasse das 3 horas da tarde, Sydney tirou rapidamente o braço que mantinha apoiado na janela, fazendo com que a luz solar incidisse instantaneamente no interior do carro. Rory ajustou seu para-sol, desviando a atenção da estrada por uma fração de segundos, quando uma gaivota deu um rasante sobre o para-brisa do carro, fazendo com que Sydney, e um assustado Rory, dessem um solavanco para trás em seus assentos como se estivessem diante das salientes mandíbulas de um monstro em um filme 3-D.

Sydney acompanhou a trajetória do rebelde pássaro e disse:

– O lugar faz jus ao nome.

– É, respondeu Rory, sem ter a menor ideia do que Sydney estava falando e conduzindo-o de volta ao assunto dos clientes antes que ele desse uma palestra sobre as origens de Gaivota.

– Ok, primeiro nós enfocamos os clientes. Então é a mesma ideia utilizada para os produtos e serviços? Determinar em que clientes concentrar mais e menos esforços; utilizar as quatro lentes?

– Aham, é o mesmo exercício. Mas para fazer isso, você deve começar conhecendo bem os seus clientes. Você acha que conhece os seus clientes, Newman?

Como um candidato político, Rory preferiu não responder à pergunta diretamente, mas dizendo:

– Isso me faz lembrar do passeio no esgoto elétrico, a tática de se experimentar as coisas do ponto de vista do cliente, certo?

Após perder de vista a gaivota que se juntara a outras na praia alguns quilômetros antes, Sydney agora estava vidrado em um grupo de inaptos surfistas que tentavam pegar uma onda sem muito sucesso e, sem olhar para Rory, disse:

– Isso mesmo. Em seguida, ele deu uma sonora gargalhada quando um dos surfistas tombou desengonçadamente da prancha, mergulhando em uma onda que quebrava, e então prosseguiu:

– Sabe, quando eu estava no avião, durante os raros momentos em que conseguia me concentrar entre os serviços da tripulação, li um artigo que dizia que menos de 25% das equipes gerenciais concordam com a afirmação "nós entendemos nossos clientes". Isso é bastante assustador.

– Você diria que isso é fundamental, Rory respondeu.

– E você, não diria?

– Como se supera isso, então? O que você pode fazer além de sair do seu universo e experimentar as coisas do ponto de vista deles?

– Pesquisar, fazer perguntas. Prestar atenção nos pontos básicos, como rentabilidade do cliente, participação de mercado, retenção, satisfação, fidelidade. Mas depois vá além e faça outras perguntas também, como: que necessidades dos clientes estão mudando mais rapidamente, e por quê? A nossa direção se alinha a essas mudanças? Ou, quem usa os nossos produtos em quantidades surpreendentemente grandes? Essa é uma ótima pergunta, disse Sydney, em tom de autoelogio, antes de continuar. Responder a essas perguntas não apenas pode ajudá-lo a enfocar clientes específicos como pode levá-lo até a vender em novos lugares ou mesmo para empresas inteiramente novas. Foi isso o que aconteceu com Ray Kroc. Você sabe quem é ele, não sabe, Newman?

Dessa vez, Rory estava preparado. *Big Macs* eram um dos seus prazeres culposos, e ele sabia que Kroc fora o responsável por levar o MacDonald's de um único restaurante em San Bernardino a uma rede global de lanchonetes.

– Sei. McDonald's, disse Rory, com a imagem de um *Big Mac* desencadeando uma resposta pavloviana em sua boca.

Para desapontamento de Rory, não houve qualquer reconhecimento da parte de Sydney, que simplesmente prosseguiu de onde havia parado.

– Antes de se tornar o rei do hambúrguer e dono do meu time preferido de beisebol, Kroc vendia máquinas de *milkshake*, e ele se perguntava por que aqueles dois irmãos na Califórnia estavam comprando tantas unidades. Isso o levou ao oeste, e o resto, como dizem, é história. Então, perguntar-se quem utiliza os nossos produtos em quantidades surpreendentemente grandes pode render saborosos resultados.

– Saboroso... *Big Ma*... Rory precisava mudar de assunto imediatamente.

– Alguma outra pergunta que devamos fazer?, disparou ele.

– Sim. Sempre preste atenção nos não-clientes, porque eles sempre serão em maior número do que clientes. A que grupos o seu setor não atende e por quê? E quem não utiliza seus produtos e serviços agora, mas poderia utilizá-los se você fizesse alguns ajustes?

O conceito arrebatou Rory imediatamente. Enquanto ele absorvia a estrada à sua frente, observando dos solitários cabos telefônicos à sua esquerda, às artemísias litorâneas à sua direita, era evidente que ele havia entrado, mais uma vez, no coma automobilístico. Como ele conhecera aquele conceito? Uma improvável árvore de abeto, tão perfeita que poderia adornar o Rockefeller Center no Natal, iniciou a reação em cadeia que o levou à resposta. De árvore de abeto a pinheiros, o campo de golfe de Pines, em Napa, o golfe em geral, e a Callaway, fabricante de tacos de golfe. Ele se lembrava de ter ouvido de um jogador profissional de golfe que a Callaway desenvolvera os tacos Big Bertha para atrair os não-golfistas ao esporte. A Callaway supunha, acertadamente, que muitas pessoas se intimidavam diante do desafiador nível de habilidade necessário para acertar a bola com um mínimo de proficiência. Sair e ter que lançar a bola a cerca de 10 jardas por tacada não é a maneira mais agradável de aproveitar uma tarde. Por isso, a Callaway desenvolveu o Big Bertha, com a sua típica cabeça larga, para tornar relativamente fácil o ato de acertar a bola e atrair os novatos para o jogo.

O coma automobilístico exerceu seu encanto, permitindo que Rory dirigisse com competência, porém rendido ao feitiço mágico de um devaneio que o transportou do Big Bertha da Callaway ao Augusta National Golf Club, onde é realizado o Master (ele se imaginava executando uma tacada perfeita com um pequeno taco de ferro, colocando a bola no centro do campo, no buraco 12, para o deleite dos sempre barulhentos espectadores), e, por fim, ao McDonald's, para um *Big Mac*.

Rory ressurgiu de seu transe com um desejo devastador de dar umas boas tacadas e devorar um hambúrguer. Com a estrada cercada por escarpadas montanhas de um lado e a vastidão do oceano do outro, o primeiro desejo estava fora de questão, mas, adiante, um posto de gasolina com uma loja de conveniência prometia satisfazer a sua segunda vontade.

17
Resoluções na Areia

– Vou parar um minuto, anunciou Rory assim que deu sinal para a direita e se dirigia para a saída.

– Para quê?, perguntou Sydney.

Sempre atento ao consumo de gasolina, Rory olhou rapidamente a tela do computador de bordo e verificou a posição do combustível. De acordo com o mostrador, o tanque ainda tinha bastante gasolina, invalidando, assim, a desculpa do reabastecimento.

– Preciso fazer um lanche, e podemos também encher o tanque. Assim estaremos bem até San Diego.

– Não dá para esperar? Santa Bárbara é logo adiante. Um dos meus lugares favoritos.

Santa Bárbara a um pulo, de modo que, apesar de estar ansiando por um lanche, Rory cedeu ao pedido de Sydney e manteve os pneus na estrada.

Passados alguns minutos, eles estavam circulando pela Rodovia 101 em Santa Bárbara, passaram pela Hollister Avenue, depois pela Storke Road, e, em seguida, pela Los Carneros. Rory esperava que Sydney se manifestasse. Como aquele era um de seus lugares favoritos, Rory estava certo de que ele escolheria um lugar para parar, não é mesmo? A Fairview Avenue ficou para trás, depois foi a Patterson Avenue que deu adeus pelo retrovisor, seguida pela Turnpike Road e pela State Street. Nem um pio de Sydney. A Rodovia 101 serpenteou para a direita e eles passaram por Las Palmas e, em seguida, Las Positas. A West Mission passou e nada. A estrada ficou mais reta depois que eles passaram rapidamente pela West Mission, com a West Carrillo já se aproximando. Os nervos de Rory estavam sendo postos à prova: "será que ele esqueceu de que íamos parar? Será que houve um 'apagão' em sua memória de Santa Bárbara?"

Finalmente, com um simples gesto da mão direita de Sydney, e um simples "pegue a Castillo", Rory pôde respirar mais uma vez.

– "Para onde agora?" perguntou Rory, impaciente conforme chegavam ao topo da rampa de acesso. Sydney apontou para a direita e Rory conduziu o Mercedes naquela direção. Após passar Cliff Drive, Sydney disse: "lá", e apontou para um pequeno edifício rústico que parecia saído do cenário de um velho filme de faroeste. A fachada era caiada de branco e, em frente ao desgastado toldo de madeira, apoiado por duas vigas antigas, havia, de fato, um poste para amarrar animais. Rory não se surpreenderia se uma *tumbleweed*[1] carregada pelo vento passasse preguiçosamente em frente à porta da rua.

Ele estacionou o carro e, em seguida, esticou o pescoço em direção à janela do lado do passageiro para observar a curiosa vista, que parecia ainda mais estranha pela sua vizinhança: uma loja de conveniência *7-Eleven*[2] e um posto de gasolina Arco. O olhar de Rory "filmou" o panorama da acanhada porta da frente, captou a imagem do toldo mais acima e, por fim, se deteve em uma placa grande, retangular, muito desgastada que dizia: "Joad's Coffee Emporium."

– É o melhor café e o melhor *strudel* de maçã no sul da Califórnia, disse Sydney com um certo orgulho, saindo do carro e entrando como um herói conquistador pela porta da frente.

De certa forma, Rory esperava até que um coro gritando o nome de Sydney os saudasse na entrada, da mesma forma que os fregueses do bar da antiga série de TV *Cheers* faziam quando o assíduo frequentador Norm Peterson entrava bruscamente pela porta.

Mas, naquela ocasião, pelo menos, não houve qualquer manifestação e, pela estimativa de Rory, parecia uma cafeteria simples e um tanto sem graça. O cenário de faroeste não se estendia para dentro da loja, que possuía dois sofás de couro e uma grande quantidade de poltronas espalhadas. Um grande gato malhado, com enormes patas brancas, ocupava uma das cadeiras. O bichano estava enroscado e dormia profundamente.

---

[1] N. T.: *Tumbleweed*, é uma erva daninha incômoda na região central e oeste dos Estados Unidos.

[2] N. T.: *7-Eleven*, rede de lojas de conveniências nos EUA e Canadá.

Sobre o balcão, com uma variedade de tipos de letras, estavam várias citações relacionadas ao café como: "Agarre a vida pelos grãos" e "Chocolate, Homens, Café – Algumas coisas são melhores enriquecidas".

Dirigindo-se para o bar, Sidney, alheio ao que Rory pudesse realmente querer, disse:

– É o que eu vou querer, Newman.

Com suas feridas ainda latejando, Rory se sentou cuidadosamente em uma cadeira ao lado de um dos sofás e pegou uma *Bike Magazine* amassada. Sob o monótono burburinho do restaurante, ele se deteve em um artigo sobre como viajar pelo país de bicicleta. Rory estava no meio da segunda página quando Sydney cutucou seu ombro esquerdo com uma enorme xícara de café fumegante e um *strudel* de maçã quentinho. Sydney puxou uma cadeira ao lado de Rory e os dois desfrutaram a recompensa. No momento em que dava uma enorme mordida em seu *strudel*, Rory ouviu uma pergunta interessante vinda da direção do sofá.

Dois homens aparentando vinte e muitos anos, ambos vestidos com camisas de botão e calças cáqui – o uniforme habitual de Rory – estavam sentados de pernas cruzadas bebericando um café expresso, quando um perguntou ao outro: "O que você faz para desafiar a vida?" Obviamente, não preparado para a súbita transição de um ocioso bate-papo para filosofia de vida, o outro disse:

– Hein?

– O que você faz para desafiar a vida?, insistiu o primeiro. Você se levanta, vai para o trabalho, paga as suas contas. O que você faz para desafiar a vida?

Rory colocou suavemente seu *strudel*, agora pela metade, no guardanapo que havia em seu colo e tomou um gole de café. Ele não queria que o som da mastigação abafasse a resposta que estaria por vir para aquela fascinante pergunta. Enquanto aguardava a resposta do segundo homem ele percebeu tratar-se de uma ótima pergunta. Não, uma pergunta brilhante. E poderia ser respondida de um milhão de maneiras diferentes. Talvez o homem número dois dissesse: "Estou compilando a história definitiva do brim" ou "Gostaria de ensinar os macacos a tocar violão", ou "Meu plano é traduzir todos os poemas clássicos russos do século XVIII – mas apenas as partes sujas". Poderia ser qualquer coisa! Rory se inclinou quando o segundo homem finalmente puxou a respiração, soltou um suspiro de satisfação, sem dúvida em decorrência de uma sincera introspecção, e disse:

– Eu gostaria de voltar para a escola de negócios.

O que sobrava do *strudel* se espatifou no chão em consequência do solavanco do corpo de Rory ao ouvir aquela resposta. Os dois homens olharam de soslaio para ele, que sorriu educadamente, dizendo entre os dentes: "Otário". Eles voltaram as costas mais uma vez e Rory retornou à sua solitária crítica. "Voltar para a escola de negócios. Ele não teria resposta melhor? Esse cara parece ter tudo para progredir – é jovem, tem boa aparência, aparentemente inteligente, e, pelo que eu percebi no início da conversa, tem um bom emprego." Rory não tinha nada contra as escolas de negócios, a não ser, naturalmente, aquelas que produziam os Marks da vida, mas aquela resposta "Voltar para a escola de negócios" deixou-o mais arrasado do que os restos do *strudel* sendo varridos por um irritado atendente.

O semblante de Rory assumiu a expressão de um cachorrinho abandonado ao ver Sydney devorar o último pedaço de *strudel*, com a última mordida vindo acompanhada por um satisfeito "hummm". Sydney, então, delicadamente para os seus padrões pelo menos, limpou os cantos da boca com um guardanapo e disse:

– Vamos para a praia. Rory olhou para o relógio que marcava 4 horas da tarde e disse:

– Não, é melhor voltar à estrada.

– Vamos lá, Rory. Cinco minutos. Eu lhe dou até a última das quatro perguntas estratégicas.

Os dois voltaram para o carro e seguiam em sentido sul pela Castillo quando Sydney disse a Rory que virasse à direita na Shoreline Drive. Assim que passaram o campo do Santa Barbara City College Football, Sydney disse: "Estacione aqui". Ele estava solene, mas sorrindo quando atravessou a rua, tirou as botas e meias, e afundou os pés na luxuosa areia de Leadbetter Beach. Rory seguiu atrás, corajosamente, com um modo curioso de andar provocado pela combinação de caminhada com os pés descalços na areia e assaduras provocadas pela sela do cavalo. Depois de vários dolorosos passos, ele alcançou Sydney e pôde ver que seus olhos estavam imersos em lembranças agradáveis. Rory ficou em silêncio até que Sydney disse:

– Passei o verão de 85 aqui. Bons tempos. E após respirar profundamente o ar marinho, ele prosseguiu. Era *skimboarding* com os amigos o dia todo e, à noite, reuniões junto à fogueira com as garotas. Tempo bom da minha vida!

– *Skinny dipping*!

– Não. *Skimboarding*!, rebateu Sydney, agitado pela intromissão em suas agradáveis recordações. É como o surfe, só que você pega a prancha e corre da praia para a onda, e... ah, deixa pra lá! Sentindo que o momento estava perdido para Sydney, Rory disse:

– Não quero interromper a sua viagem pelos meandros da memória, Sydney, mas nós realmente deveríamos ir andando. Hannah vai me matar se eu chegar muito tarde.

– Você quer a última lição, não quer?, resmungou Sydney.

– Exato. Claro que sim, mas podemos fazer isso no carro?

Sydney se sentou na areia, dobrou os joelhos, e disse: – Não. Sinto-me inspirado aqui. Rory imitou a pose e ambos ficaram olhando o horizonte do Pacífico, até que Sydney falasse novamente.

– Como você desafia a vida, Newman?

– O quê? Você ouviu aquilo? Você pode acreditar no que aquele cara disse? E com um certo desdém, ele acrescentou: voltar para a escola de negócios? Ele não teria resposta melhor?

O silêncio reinou mais uma vez e eles se sentaram, enfiando os pés na areia fofa. Ao mesmo tempo em que esperava a resposta, Rory duvidava que Sydney pudesse criar uma lição sobre estratégia a partir da conversa na cafeteria. Finalmente, após limpar a areia do tornozelo, Sydney se manifestou.

– Eu acho que se você perguntasse ao cara, ele poderia ter dito que, voltando para a escola de negócios, teria chances de fazer grandes coisas, poderia agregar valor, usar o discurso comercial.

– Não estou entendendo.

– Deixe-me ir direto ao ponto e, se for preciso, podemos voltar e fazer uma recapitulação. Em se tratando de estratégia, a última pergunta fundamental que você precisa fazer é: como vender? Sydney olhou para Rory e tudo o que viu foi um semblante sem expressão, com olhos apertados e inquisidores. O que quero dizer com isso é: como você se propõe a agregar valor para os seus clientes? Como você se destaca, na opinião deles?

— Mas nós já não fizemos isso já com a segunda pergunta? Aquela sobre os produtos ou serviços que vamos vender?

— Essa pergunta era sobre o que você iria oferecer especificamente. Quais os produtos e serviços aos quais você dará mais e menos ênfase. Depois falamos sobre os clientes aos quais você irá oferecer esses produtos e serviços, e agora estamos falando de como você irá oferecê-los.

— Como se oferece um bom serviço?, Rory perguntou enquanto acompanhava com os olhos um bando de adolescentes brincando na beira da água, os meninos chutando água nas meninas e elas gritando.

— Sim, mas um pouco mais amplo. É muito simples. Existem duas formas básicas de venda. Uma consiste em você oferecer o menor custo total a seus clientes. A outra, em focar a diferenciação.

— Baixo custo eu consigo, mas o que você quer dizer com diferenciação?

— Você tem certeza de que consegue o menor custo total?, Sydney desafiou.

— Claro, é só oferecer o menor preço. Simples assim.

— Mas como você faz isso?, rebateu Sydney. Como Rory não defendeu seu ponto de vista, Sydney continuou. Para oferecer o menor custo total, a sua empresa precisa ter os processos adequados para tal. É tudo uma questão de fórmula, daquilo que o cliente não vê. É tudo o que você pode fazer para reduzir os custos do negócio.

— O Wal-Mart!, Rory disse em súbita epifania.

— Sim, o Wal-Mart. Eles têm operações padronizadas, os sistemas de cadeia de abastecimento classe mundial, e, talvez o mais importante, uma cultura que abomina o desperdício e recompensa a eficiência. O mesmo acontece com o McDonald's. Você entra em uma loja do McDonald's, em qualquer lugar, de Boston a Pequim, e a experiência é praticamente a mesma. Existe uma fórmula padronizada de redução de custos e oferta de preços baixos aos clientes.

— Ok, e quanto à diferenciação?

— Há dois campos de diferenciação. Uma maneira de se diferenciar é focalizando o seu relacionamento com os clientes. É o que alguns chamam de intimidade com o cliente.

– Intimidade com o cliente?, perguntou Rory com as sobrancelhas levantadas.

– É fácil, Newman. Significa apenas não se concentrar em uma única transação, mas cultivar relacionamentos de longo prazo, oferecendo o melhor serviço e a melhor *solução* para as necessidades dos clientes. O preço cobrado provavelmente é um pouco maior, mas os clientes estão dispostos a pagar porque você conhece as suas necessidades melhor do que ninguém, e faz de tudo para atendê-las. Um bom exemplo é...

– A Nordstrom, Rory interrompeu.

– Claro, a Nordstrom. Seu serviço é lendário. Eles não são a opção de menor preço, como o Wal-Mart, mas são os líderes em vendas e atendimento. Seus vendedores são especialistas em suas respectivas áreas, permanecem na empresa por um longo tempo, e trabalham para incrementar as relações com os clientes para que eles voltem sempre.

E então foi a vez de Rory desafiar:

– Mas o McDonald's e o Wal-Mart também querem que as pessoas voltem repetidas vezes.

– Claro que sim, mas a questão está em como eles os fazem voltar. O Wal-Mart tem os recepcionistas, por sinal simpáticos, mas não é por isso que as pessoas voltam. Elas voltam porque o preço é justo. Na Nordstrom voltam por causa do nível de serviço e da relação que têm com a loja. No Wal-Mart, todas as operações estão voltadas para a oferta de preços baixos. Os sistemas da Nordstrom, por sua vez, têm por objetivo conhecer as necessidades dos clientes, mudar gostos e preferências, e oferecer a melhor solução em qualquer ocasião.

– Ok, você disse que havia dois campos de diferenciação, qual é o segundo?, disse Rory, olhando para o relógio.

Sydney não perdera a noção do tempo, mas também não o respeitava, como ficou evidente pela sua resposta:

– Calma. Encha os pulmões com esse ar marinho. Vai lhe fazer bem! Depois de algumas respirações profundas de causar orgulho a qualquer osteopata, Sydney prosseguiu com a lição, mas à sua maneira peculiar, é claro.

– Você já leu aquelas revistas de bordo existentes nos aviões, Newman?

Não havia sentido em questionar a origem ou o objetivo da pergunta, de modo que Rory disse simplesmente:

– Sim, e daí?

– Você já viu algum anúncio daquela máquina esquisita de exercícios? Uma que custa cerca de 14 mil?

– Sim – Rory disse com uma risada –, que, para mim, se parece mais com uma máquina de tortura medieval.

– Esse é o segundo tipo de diferenciação em ação. Eles vendem oferecendo o que consideram ser o melhor produto, e ponto final. Empresas que vendem com esse objetivo tentam criar um produto que incorpore as mais novas e melhores funcionalidades pelas quais as pessoas estejam dispostas a pagar mais caro. Eles estão na vanguarda do design e da inovação, sempre se esforçando para fazer o próximo grande lançamento.

– Como a Apple. É assim que eles se diferenciam, não é?

– Exatamente!, exclamou Sydney batendo no braço de Rory e derrubando-o na areia. Eles sempre fizeram coisas legais que impulsionam o design e o desempenho. Anos atrás, foi o Apple II, o Mac, e agora o iPod e o iPhone. Um iPhone não é barato; a Apple definitivamente não compete em custo, mas eles estão apostando seu futuro em novos produtos que as pessoas pagarão mais para adquirir. Essa é a diferenciação do produto.

Enquanto limpava a areia, Rory disse:

– Já ouvi isso antes, já ouvi mil vezes. Vivemos em uma era de muita concorrência. As mudanças estão acontecendo mais rápido do que nunca. Nós não temos que vender das três maneiras? Quero dizer, precisamos ter preço baixo, oferecer um excelente serviço, e lançar ótimos produtos, não é mesmo?

– Eu lhe garanto que um bom serviço, produtos de confiança e preços justos são as grandes apostas em qualquer negócio. Mas o que eu estou falando é de um compromisso com a forma como você vende. Como você está propondo agregar valor para os seus clientes. Wal-Mart, Nordstrom, Apple, todos têm investido alto em determinadas competências e para cumprir suas promessas. Eles não podem fazer as três coisas de uma forma pura. Não sem ir à falência durante esse processo. Nem você ou qualquer outra empresa no mundo. Além disso, quando precisam tomar uma decisão, as empresas que fizeram uma escolha sabem como reagir.

Na Apple, por exemplo, eles sabem que na hora do aperto sempre irão direcionar seu foco para o produto. As empresas que não têm um foco verão seus gerentes correndo de um lado para outro, completamente desnorteados, sem saber como reagir.

Rory estava prestes a pular para o tópico seguinte, mas Sydney ainda não havia terminado.

– Falamos sobre o Wal-Mart e a Nordstrom. Uma focaliza o baixo custo e a outra, os relacionamentos, a intimidade com o cliente. Agora, veja a Sears. Há anos, eles têm dupla personalidade. É uma empresa que oferece baixo custo, ótimos produtos, ou intimidade com o cliente?

Rory balançou a cabeça.

– Certo. Ninguém sabe, e as suas vendas vêm se mantendo essencialmente estáveis há quase duas décadas. É preciso haver compromisso, Newman.

– Então, se decidir pela área de foco certa?

– Não é que a área seja certa, nenhuma delas é inerentemente mais adequada ou mais correta do que as demais. É o que é certo para *você*. Comece pela sua missão e as três primeiras perguntas fundamentais de estratégia. A missão e as suas respostas às perguntas devem se encaixar umas com as outras, devem reforçar umas às outras. Você provavelmente vai achar que a resposta para a pergunta "como vender?" seja uma consequência natural do cumprimento da sua missão e das suas respostas às três primeiras perguntas. Além disso, você sempre pode contar com as velhas e confiáveis lentes. Qual a sua paixão, para o que você tem talento, que investimentos em infraestrutura você tem feito, ou está disposto a fazer, e o que os números dizem.

O sol tinha começado a se pôr, e os banhistas já estavam enrolando suas toalhas e dobrando suas barulhentas cadeiras e se dirigindo para seus carros. Rory e Sydney, sem palavras, seguiram a silenciosa migração.

18

KISS

Os dois retomaram seu caminho após o Joad's Coffee Emporium e deram uma breve parada para abastecer o carro.

– Espero que seja a última parada, Rory pensou enquanto apertava o relógio, protestando contra o avanço das horas. Seus olhos faziam uma revista nas redondezas do posto de gasolina, enquanto ele enchia o tanque, com certa cautela e atenção, em caso de um possível súbito reaparecimento de seu velho desafeto, o Senhor Couro. Porém, além deles, uma mãe em uma minivan lotada, e logo Rory e Sydney estavam de volta à Rodovia 101, passando pela Rua do Papai Noel.

Os lábios de Rory se entreabriram no intuito de dizer algo em tom de brincadeira, questionando por que haveria uma rua chamada Papai Noel em Santa Barbara. Mas ele logo mordeu os lábios com força, engolindo as palavras, ao perceber que Sydney certamente saberia por que e não hesitaria em dar uma descrição detalhada. Rory olhou furtivamente em direção a Sydney para ver se ele havia percebido a curiosa placa com o nome da rua, mas seu passageiro estava ocupado com o telefone.

– Duas chamadas de Maggie perdidas enquanto estávamos na praia. Mas nenhuma mensagem.

– Quem é Maggie? Rory perguntou.

– A *dog sitter*. Não deve ser nada sério, senão ela teria deixado uma mensagem.

Ele pensou em retornar a ligação enquanto girava o telefone entre os dedos enormes, refletindo sobre o fato, mas acabou colocando o aparelho de volta no bolso e refestelou-se em seu assento.

O Pacífico se revelava como um diamante azul-escuro à medida que os dois rodavam, deixando para trás as milhas que passavam de forma imperceptível, cada um refugiado em seus próprios pensamentos. Rory sentia uma torrente de autoconfiança dentro de si, modesta em um primeiro instante, depois mais intensa à medida que ele refletia sobre tudo o que havia aprendido naquele dia e meio e até que ponto ele estaria preparado para o seu relatório.

Ele se daria o luxo de passar os próximos dias sonhando com os detalhes. Naquela noite ele chegaria à reunião, se encontraria com Hannah e com os parentes dela que não via há anos, alguns dos quais ele nem conhecia. Mais tarde, com o clã se confraternizando em torno da fogueira, rolaria um bom bate-papo, risos e talvez algumas boas histórias. Seria como uma pintura de Norman Rockwell. Depois das despedidas e promessas de manter contato, Rory e Hannah voltariam para São Francisco e passariam horas conversando sobre que livros sua filha deveria ler, em que universidade deveria estudar, e quantos anos ela teria quando se tornasse a primeira presidente da República a nascer fora dos Estados Unidos.

De volta ao escritório, ele gravaria tudo o que aprendera com Sydney, montaria uma deslumbrante apresentação em *PowerPoint* com narrativa de acompanhamento e entregaria tudo isso de forma impecável aos dirigentes da Olivenhain. Ele podia até se imaginar diante da diretoria da empresa, em plena conversa com os novos patrões, que partilhariam ocasionais acenos de cabeça demonstrando óbvio apreço por sua inteligente escolha para a tarefa em questão. Seu devaneio era tão real que ele podia ver os semblantes de fascinação e ouvir a cadência e o ritmo das perguntas, todas respondidas de forma magistral.

Foi durante esse ensaio que, de repente, ele imaginou uma figura em um terno cinza amarrotado, perguntando de forma monótona, de um canto escuro da sala: "Qual é o resultado desse processo?" Foi quando a garganta travou.

Ele sabia a importância de uma missão, havia feito todos os preparativos necessários para desenvolver uma estratégia com perfeição, estava bem preparado nas quatro perguntas fundamentais sobre estratégia, e com conhecimento suficiente sobre as lentes a serem utilizadas para respondê-las. Mas depois de passar tudo isso pelo processador metafórico, que preciosidade sairia do outro lado? Isso ele não sabia. Seria um parágrafo? Um documento de uma página? Uma dissertação de 50 páginas? Não lhe saía da cabeça o velho homem amarrotado e sua legião de novos seguidores na Olivenhain prontos para investir contra ele, cuja única arma era um controle remoto de plástico barato, utilizado para avançar os *slides*. Como zumbis na noite eles continuavam avançando em sua perseguição implacável. Ele se via cercado por uma voraz matilha de lobos corporativos em seus ternos de lã penteada, uivando algo como: "Qual é o resultado... qual é o resultado?"

– Onde é o incêndio?, Sydney perguntou ao acaso.

Demorou alguns segundos para que as palavras fossem assimiladas enquanto Rory afastava os fantasmas invisíveis de seu subconsciente. Então ele olhou o velocímetro: 134, 135, 136 quilômetros por hora e sentiu a tensão queimando de seus quadris até suas coxas, joelhos e tornozelos; descendo até o pé, colado ao acelerador. Rapidamente ele levantou o pé, aliviando a pressão sobre o motor, e logo o carro voltou a um ritmo mais tranquilo.

– Onde você estava, *cowboy*?, perguntou Sydney.

– Qual é o resultado?, as palavras escaparam subitamente da boca de Rory.

– Resultado de quê?

– Do processo? Você faz o pré-trabalho, responde a quatro perguntas, e depois? O que sai do outro lado?

– Me dê um *kiss* (beijo em inglês), disse Sydney, indiferente, como quem pede um guardanapo ou uma caneta.

Rory enxergou várias opções. Ele poderia optar pela resposta-clichê de "eu não acho que seja o seu tipo", a igualmente batida "eu não sou esse tipo de cara", ou simplesmente fingir que não entendeu e esperar que Sydney se explicasse, o que ele inevitavelmente faria. Ele escolheu a opção número três e compartilhou um conhecido olhar com Sydney, que então disse:

– Não é esse tipo de beijo. Quero dizer K maiúsculo, I maiúsculo, dois SS maiúsculos – *KISS*. Que todos nós sabemos ser *Keep It Simple, Stupid* (Simplifique isso, estúpido).[1]

– Simples é um termo relativo, Sydney.

---

[1] N. T.: *Keep It Simple, Stupid (KISS)*. O Dalai Lama disse uma vez que a simplicidade é a chave para a felicidade no mundo moderno. Esta filosofia pode ser adaptada para todos os setores da vida. As expressões "Simplifique isso, estúpido" e "Menos é mais" apontam para o fato de que a simplicidade é importante.

– É verdade. O que quero dizer com "simples" é que a sua declaração final de estratégia deve ter um parágrafo, talvez dois, que basicamente amarrem as suas respostas às quatro perguntas. Ela não precisa ser eloquente e muito menos prolixa, basta ser simples e sincera. Não precisa nem conter só palavras, mas um quadro que combine imagens e texto. A chave, nesse caso, é a comunicação.

Exponha o seu ponto de vista de forma objetiva, de modo que as pessoas possam entender e, principalmente, colocar em prática. E após uma pausa, ele acrescentou com certa indignação: mas seja criativo também. As pessoas estão sempre procurando uma fórmula do tipo "preencha as lacunas" ou "pinte de acordo com os números".

Responda às perguntas e se comunique de forma compatível com a sua cultura, com o seu modo de fazer as coisas. É simples.

– Mas fazendo todo o pré-trabalho e respondendo às quatro perguntas você irá gerar muito material para discussão em suas reuniões. E o que fazer com tudo isso?

– Boa pergunta. Sem dúvida, você deve manter esse material de apoio para as suas respostas finais, mas você irá distribuir ou imprimir esse material em seus *mouse pads*. Talvez você possa postá-lo na sua *intranet*. Desse modo, quando as pessoas lerem a declaração de estratégia definitiva e quiserem saber como seus principais líderes chegaram às decisões que tomaram, elas poderão descobrir. Eu sempre fiz isso. Eu quero transparência e, dessa forma, qualquer pessoa pode ver o que e como a equipe de liderança desenvolveu o seu trabalho.

Isso mostra também que a sua equipe cavou fundo e fez o complexo trabalho intelectual necessário à construção de uma estratégia, além de ser uma excelente base histórica para fins de atualização da estratégia.

– Você inclui a sua missão como parte dessa declaração?

– Separadamente, mas na mesma página, com certeza. Como eu disse antes, é tudo uma questão de comunicação, e a comunicação deve ser simples e clara.

Em um exercício de dramatização que teria feito um facilitador corporativo sorrir de uma orelha à outra, Rory transportou-se de volta à presença da diretoria da Olivenhain e visualizou o velho homem amarrotado. O que ele perguntaria? O que está faltando nisso tudo? O sujeito se levantaria da cadeira, dando um passo firme à frente e, em seguida, exigiria de Rory:

— E a visão? Onde está a visão? perguntou Rory rispidamente, na expectativa de uma resposta imediata de Sydney, esquecendo-se de que não havia verbalizado a pergunta do velho homem.

— O quê?, Sydney perguntou.

— Então, o que me diz disso?, Rory esbravejou.

— Você está maluco, Newman. E a voz de Sydney se reduziu a um sussurro quando ele murmurou: febre da linha branca.[2]

— Do que você está falando, febre da linha branca? Eu estou muito bem, obrigado. Agora, onde eu estava? Ah, sim, na declaração de visão? Não precisamos de uma visão também?, Rory disse tudo isso enquanto se erguia em seu assento e endireitava as costas, adotando uma pose digna de um cavalheiro inglês.

— Como eu disse, maluco. E após balançar a cabeça afirmativamente ao constatar a descoberta, Sydney disse: Então, como você definiria uma declaração de visão?

— Você não vai me fazer ligar para as pessoas, vai?, perguntou Rory um tanto angustiado.

Sydney disparou:

— Você não tem um plano de minutos ilimitados, mas logo completou em um tom mais ameno: não, você não precisa ligar para ninguém, me diga apenas o que você acha que isso significa.

Rory abriu todas as cortinas em sua mente, mas o velho homem amarrotado, pelo visto, havia saído para tomar um chá em algum lugar, porque ele não estava em parte alguma. Agora sozinho nessa, ele hesitou,

---

[2] N. T.: A hipnose da estrada é um estado mental em que a pessoa pode dirigir um caminhão ou um automóvel a grandes distâncias, e mesmo assim responder aos acontecimentos externos, da maneira esperada, mas não consciente de ter feito isso. Nesse estado, a mente consciente do condutor está, aparentemente, totalmente focada em outro lugar, com o processamento aparentemente direto das massas de informações necessárias para conduzir com segurança. "A hipnose da estrada" é apenas uma manifestação de uma experiência relativamente comum, onde, teoricamente, as mentes subconsciente e consciente parecem se concentrar em coisas diferentes; trabalhadores que executam tarefas simples e repetitivas e as pessoas privadas de sono também podem experimentar sintomas semelhantes. Portanto, é uma espécie de subconsciente "modo de condução".
Em algumas partes do sul dos Estados Unidos, o fenômeno é chamado de "White Line Fever" ou Febre das Linhas Brancas, em referência às faixas brancas pintadas no asfalto.
Com base nas teorias de Ernest Hilgard (1986, 1992) de que a hipnose é um estado alterado de consciência, alguns teóricos afirmam que a consciência pode desenvolver dissociação hipnótica. No exemplo da hipnose da estrada, um fluxo de consciência está dirigindo o carro enquanto o outro fluxo de consciência lida com outros assuntos. O fenômeno é um exemplo do que um psicólogo cognitivo chamaria automaticidade.

enrolou um pouco, e então disse: "Bem, se a missão é o seu objetivo principal, ou seja, a sua bússola, a visão é mais concreta, certo?"

– É o que alguns chamam de projeção. Sydney parou para ponderar sobre a definição e, em seguida, continuou: Gostei – projeção. Uma projeção do que a organização pretende se tornar no final das contas. Talvez em 5, 10 ou 15 anos. Por sinal, isso é mais concreto do que a missão. Uma visão normalmente inclui cifras específicas, talvez valores de receita que você pretenda alcançar ou número de clientes atendidos, esse tipo de coisa.

– Parece que isso se encaixa perfeitamente no que estamos falando. Você estava guardando essa para a rodada de bônus ou algo assim?

– Sim, para o Showcase Showdown[3], exatamente como em *The Price is Right*. Em seguida, Sydney se virou para Rory e perguntou em um tom sério e compenetrado: de quem você gosta mais, Bob Barker ou Drew Carey?

– Bem, Rory começou, Drew é o máximo e eu adorei sua atuação em *Whose Line Is It Anyway*, mas Bob é uma instituição, e... e... podemos falar sobre isso em outra hora? E a visão?

– Mais tarde, disse Sydney literalmente. Veja bem, se fizer realmente questão de criar uma visão a essa altura do campeonato, eu não vou impedi-lo. Mas eu acho que seria melhor depois que você tivesse dado o passo seguinte do processo.

– Qual é?

– Partindo da estratégia para sua execução, você se pergunta: "Ok, já que vamos executar essa estratégia, qual o seu sentido?" Se você seguiu o conselho que eu lhe dei, você já definiu o que o impulsiona, o que vender, para quem vender e como vender. *Agora*, então, você determina aonde isso o levará. Eu só acho que se você tentar criar a visão antes da estratégia é como colocar a carroça à frente dos nossos velhos camaradas Buzz e Pucker.

A simples menção aos cavalos despertou em Rory a lembrança das assaduras provocadas pela sela de um deles, fazendo-o mudar desconfortavelmente de posição em seu assento enquanto Sydney prosseguia. – Pense

---

[3] N.T.: *The Showcase Showdown* é um segmento do jogo americano *The Price Is Right*. O segmento também é comumente classificado como *"The Big Wheel"*, referindo-se à principal proposta do jogo. O jogo é jogado duas vezes em cada episódio como uma fase eliminatória, que determina que um dos três participantes da primeira metade do show e que um dos três concorrentes da segunda metade do show vão participar do confronto no final do episódio.

nisso. Se a visão é concreta no que diz respeito a receitas, clientes ou mercados, você não teria que definir primeiro o que vender e para quem? E eu ainda vou além. Acho que você não precisa nem usar a palavra "visão" quando chegar nesse ponto. Seria apenas mais um termo em meio aos tantos jargões do mundo dos negócios. Por que não apenas envolver as pessoas na sua história, dizendo: aqui está a nossa missão, aqui está a nossa estratégia para chegar lá, e se fizermos tudo isso, isto é o que vocês podem esperar. KISS, Newman. KISS.

Os dois ficaram em silêncio, mais uma vez, assim como a Rodovia 101, descrita por John Steinbeck em *As Vinhas da Ira*, como a "estrada mãe", que exercia sua prerrogativa materna, conduzindo o carro suavemente para o leste, em direção a Ventura. À sua direita, dando um rápido "adeus" estava o Oceano Pacífico, cujo caminho eles só voltariam a cruzar em San Clemente. Rory contemplou a jóia brilhante em seu espelho retrovisor até que o toque urgente de seu telefone quebrou o encanto.

19

Todo Cachorro Tem seu Dia

Em poucos instantes, a paisagem mudou drasticamente, do bucolismo do campo, acentuado pela suave melodia do oceano, para um tom diferente – o incansável barulho urbano, produzido pelo movimento de carros, pessoas e pelo ruído vibrante das fábricas. A transição ocorreu de modo repentino, e o telefone de Rory tocou três vezes, antes que ele pudesse atender. Ele apertou rispidamente a tecla para receber a chamada e disse um afobado "Alô".

– Rory?, veio a confusa resposta.

– Sim, é Rory.

– É Jim Tobin. Como você está?

Olhando surpreso para uma área de terras entre dois parques industriais, Rory respondeu:

– Ótimo, Jim. Estou em Ventura.

– Bonito lugar, estive aí muitas vezes.

Ele esperou alguma reação e, em seguida, disse com entusiasmo:

– Ótimas notícias. Eu explico. Tenho boas notícias e boas notícias, qual você quer primeiro?

Após uma risada sem graça, Rory disse:

– As boas notícias, eu acho.

– Conseguimos a conta do Ike Redmond. Outra pausa, fazendo Rory imaginar se Jim estava esperando algum tipo de comemoração corporativa espontânea.

– Isso é ótimo, Jim.

– Sim, e graças a você Rory. Eu não sei o que você disse a Ike naquele passeio em Paso, mas ele está definitivamente com a Kitteridge. E por falar nisso, vamos começar a embarcar para ele dentro de um mês mais ou menos. Ah, e ele mandou pedir desculpas por não ter ficado com vocês no passeio e que está ansioso para trabalhar com você.

– Fantástico, estou ansioso para trabalhar com ele também.

– E agora você quer a outra boa notícia?

– Continue!, Rory disse em tom de júbilo, com a adrenalina provocada por um negócio fechado agora correndo em suas veias.

– Vou encontrar você hoje à noite em San Diego. Na verdade, estou embarcando agora. Ike vai para uma exposição de cavalos em Del Mar amanhã, e depois passará três semanas na Espanha. De modo que nós queremos assinar os contratos antes que ele saia do país. Eu me ofereci para ir até lá, e ele concordou em me encontrar amanhã de manhã.

– Grande, Jim, mas o que isso tem a ver com me encontrar?

– Bem, eu sei que faz pouco mais de um dia que lhe demos o desafio do planejamento estratégico, mas estive pensando se poderíamos nos encontrar hoje à noite, você poderia me passar uma atualização verbal, e eu, um relatório para o pessoal do corporativo. Eles estão muito interessados nisso, Rory. E após uma pausa, ele jogou seu trunfo: Além disso, você se comprometeu em ter algo pronto em três dias, de modo que não deve haver problema, certo?

Naquele exato momento, um veículo de emergência passou com a sirene ligada na pista ao lado. Era um carro grande, robusto e de um branco imaculado que, ao passar em disparada, permitiu que Rory lesse as letras em vermelho na lateral: "UNIDADE ESPECIAL DE DESCONTAMINAÇÃO DO CONDADO DE VENTURA". A metáfora não poderia ser mais apropriada. Era a sua carreira que estava à beira de um acidente e necessitava de socorro.

– Rory? Você ainda está aí?

– Sim, Jim, estou aqui. Ele tentou transmitir confiança, mas a resposta soou um tanto apática e Jim percebeu.

– Você pode me reportar tudo hoje à noite, não pode? Você sabe o quanto nós estamos contando com isso. Não quero pressioná-lo, mas você vai ver que as coisas estão mudando mais rapidamente, agora que a Olivenhain está no comando. Você consegue acompanhar o ritmo, não consegue, Rory?

Jim estava no comando, isso não se podia negar, mas Rory não podia deixar de pensar que Mark, de alguma forma, estava mexendo os pauzinhos por trás dos bastidores, ajudando a orquestrar o seu afastamento, e acabou deixando escapar:

– Foi Mark quem sugeriu isso?

– O que Mark tem a ver com isso?, perguntou Jim, demonstrando sincera curiosidade. Tenho notícias sobre ele. Eu lhe contarei hoje à noite.

Os músculos dos braços de Rory se enrijeciam conforme ele segurava o volante e balançava a cabeça mecanicamente em tom afirmativo. Ele podia até imaginar Mark em sua sala naquele exato segundo, destruindo todas as provas da existência de Rory, dançando alegremente sobre sua mesa de vidro e ladrando ordens a um desamparado Melville Bell.

Sydney, que se mantivera olhando fixamente para a frente no decorrer do drama corporativo que se desenrolava através do viva-voz, agora se virou para Rory com um olhar inquisitivo. Quando Rory o olhou, ele percebeu que Sydney o analisava. Ele estaria disposto a encarar o desafio?

– Estarei pronto, Jim.

– Ótimo!

E então os dois começaram a combinar o local do encontro. Rory sugeriu encontrar Jim no hotel. Eles poderiam se encontrar no saguão, Rory lhe passaria seu relatório e estaria tudo terminado. Mas Jim insistiu que não queria causar nenhum inconveniente fazendo com que Rory perdesse o tempo reservado para estar com sua família. Ele disse estar feliz em participar da reunião e prometeu "finalizar tudo em 10 minutos". O bate e rebate continuou até que Rory percebesse que era inútil argumentar; Jim iria à reunião para ficar a par de tudo. Era como se Jim realmente acreditasse estar fazendo um favor a Rory em comparecer à reunião.

– Hannah vai adorar, Rory pensou. Uma típica reunião de família, em casa – alguns cantando e dançando, um joguinho, talvez, e uma dissertação sobre o planejamento estratégico para um cara de terno.

– Nos vemos à noite, então, disse Jim com entusiasmo.

– Ok, Jim, até lá.

Rory desligou cautelosamente o telefone e, quando Sydney olhou para ele, viu uma expressão desolada.

– O que há de errado com você, meu velho?, foi a sua estranha maneira de fazer com que Rory se abrisse.

– Você ouviu, resmungou Rory.

– Qual é o problema? Estamos falando sobre isso desde ontem. Você deve estar apto a dar o seu relatório a esse tal de Jim de olhos fechados, cara, com uma das mãos nas costas, e a outra segurando uma margarita.

Rory resmungou:

– Primeiro eram cinco dias, depois três, e agora eles querem hoje à noite. Isso é loucura.

– Desculpe, amigo, mas Jim tem razão. É assim que o mundo funciona hoje – é tudo na base da rapidez. As coisas lhe chegam mais rápido e você tem menos tempo para reagir e menos margem para erros.

– É essa a sua noção de conversa animadora.

– Isso é melhor do que uma conversa animadora, é a verdade. Talvez não a parte sobre a margarita, você derrubaria o copo no chão, mas a parte sobre o fato de termos passado o dia de ontem falando sobre estratégia. Você fez várias boas perguntas e levantou ótimas questões. Você tem condições de fazer isso, Newman.

As palavras pairaram no ar, suspensas pelos sinceros argumentos de Sydney. E quando elas finalmente se dissiparam, ele acrescentou: sente-se melhor agora?

– Muito. As palavras saíram com um toque de sarcasmo, mas Rory sentiu que estava recobrando o ânimo aos poucos.

Ele passara a maior parte do último dia e meio fazendo uma imersão sobre planejamento estratégico e, àquela altura, sem dúvida, já dominava o assunto. Ele sabia definir estratégia e estava bem orientado sobre como desenvolver uma missão, além de conhecer as quatro perguntas fundamentais a serem feitas e as quatro lentes que ajudavam a responder a tais perguntas. Contudo, mais do que a sua incipiente destreza intelectual no assunto, ele tinha Sydney, um verdadeiro guru do planejamento, ao seu lado, pronto para socorrê-lo ou resgatá-lo de qualquer situação complicada que pudesse surgir com a presença de Jim naquela noite.

Ventura ficou para trás, abrindo caminho para Oxnard e, em seguida, Camarillo, onde eles subiram aproximadamente 550 metros até o topo da Conejo Mountain. De repente, eles estavam em meio a uma grande onda de tráfego, uma correnteza de metal por todos os lados. A Grande Los Angeles, a *Southland*, estava pouco além do cume e seus gigantescos tentáculos automotivos já os alcançavam. Rory já havia encarado o tráfego de Los Angeles muitas vezes, mas cada visita exigia uma transição momentânea para que ele se ajustasse ao volume, à velocidade e à pura loucura de uma centenária cultura automobilística.

A corrente os transportou rapidamente pela Rodovia 101 em direção a Calabasas, com suas *McMansions*[1] que reluziam sob os últimos raios de luz do dia.

Enormes extensões de terra foram agredidas pela construção daqueles símbolos de realização da classe média alta, e Rory os contemplava com hesitação. Eles representavam o Sonho Americano da casa própria, mas ele não podia deixar de sentir que, se a terra tivesse alguma escolha sobre o assunto, ela poderia ignorar os utilitários esportivos e os trampolins e voltaria a ser um chaparral intocado.

– Você gosta de Los Angeles?, Rory perguntou ao seu companheiro. Ninguém que ele tivesse conhecido até então havia respondido a tal pergunta com um simples "é legal", ou "claro, é ótima". LA é o tipo de lugar que evoca fortes sentimentos de uma maneira ou de outra. As pessoas a amam ou a odeiam, não há um meio-termo. Ele estava interessado em saber uma reação de Sydney e ansioso por mudar um pouco de assunto e falar de coisas mais amenas no capítulo seguinte da viagem. Sydney levantou a mão esquerda, fechou os punhos como que simulando um marreta, e ia começar a falar quando o toque de seu celular, ao tom de *My Sharona*, envolveu o carro, interrompendo o gesto solene. Ele baixou a mão, pegou o telefone e atendeu.

– Maggie... o quê? Devagar... Sydney ficou absolutamente ereto em seu assento e apertou o telefone contra o ouvido. Quando isso aconteceu? Você o levou ao doutor Pressfield? Ok, sim. E após olhar para o relógio, ele disse com grande autoridade: estarei aí dentro de três horas. Com isso, a ligação foi encerrada.

---

[1] N. T.: *McMansions*, termo da gíria arquitetônica que entrou em uso nos Estados Unidos na década de 80 como descrição e expressão pejorativa..

– O que houve?, Rory perguntou com os carros correndo de um lado a outro à sua volta, aumentando a sensação de pânico e drama que ele sentia desdobrando-se à sua frente.

– Pegue a Rodovia 405, Sydney disse rolando freneticamente a agenda de endereços em seu telefone.

– Eu ia fazer isso de qualquer maneira, é a forma de se chegar a San Diego. O que está acontecendo? Nos olhos de Sydney ele viu uma expressão de dor, mas antes que pudesse perguntar novamente o seu próprio telefone tocou. Ele ficou confuso, Sydney ainda estava desesperado mexendo em seu telefone, o telefone de Rory também tocava, era o caos. Hannah estava ligando para atualizá-lo, sem dúvida, mas ele deixou que a ligação caísse no correio de voz e voltou a atenção para Sydney.

– O que aconteceu?

Sydney não respondeu, apenas colocou o telefone no ouvido e iniciou uma nova conversa.

– Michael, é Sydney... Bem, ouça, eu não tenho muito tempo para conversar. Trevor está passando por uma cirurgia e eu preciso ir de Los Angeles para Denver o mais rápido possível. Sydney ouviu sem deixar que nada transparecesse em seu semblante e então disse: 6:45h partindo do Aeroporto Internacional de Los Angeles, perfeito, reserve.

Rory tentava juntar os poucos trechos de informações e entender o que estava acontecendo. "Quem é Trevor? Sydney não sabia da cirurgia? Voo de Los Angeles às 6:45? São 5:45 e agora ainda estamos em Encino. Los Angeles está a mais de 30 quilômetros de distância, em horário de pico; sem chances".

– Aeroporto Internacional de Los Angeles, Newman, e rápido, disse Sydney com melancólica urgência.

– Quem é Trev... Antes que pudesse terminar a frase Rory se lembrou. Trevor era o cachorro de Sydney, ele tinha o nome de Trevor Hoffman, do San Diego Padres. O episódio com a patrulha rodoviária lhe veio à mente, bem como a dedução de Sydney de que o policial era torcedor dos Padres, o que acabou evitando uma boa multa.

– Por que ele está passando por uma cirurgia?

– Foi atropelado por um carro há algumas horas, por isso que a Maggie ligou duas vezes. Ela estava no consultório do veterinário, mas como não parecia grave, ela não quis me preocupar. No entanto, quando os veterinários estavam tratando de uma lesão no quadril, descobriram uma hemorragia interna e constataram uma ruptura no baço. Ele está sendo operado agora. Você pode ir um pouco mais rápido, por favor?

Rory ergueu a mão e encolheu os ombros em deferência ao mar de veículos que os cercava. O sempre engarrafado cruzamento da Rodovia 101 com a 405 estava logo à frente e o trânsito se arrastava.

– Você realmente precisa voltar às pressas a Denver por causa disso?

As palavras escaparam da boca de Rory, surpreendendo a ele mesmo. Antes de iniciar o processo de adoção com Hannah, o mundo de Rory girava em torno de Jock, sua Golden Retriever. Os animais de estimação sempre fizeram parte da vida de Rory, desde criança, e ele muito havia chorado junto às sepulturas de peixinhos dourados, gatos e porquinhos-da-índia e entendia o vínculo entre as pessoas e seus animais de estimação. Ele estava prestes a pedir desculpas quando Sydney interrompeu.

– Sim, preciso, disse ele solenemente.

– Desculpe, Sydney, eu só quis dizer...

Sydney interrompeu:

– No Dia de Ação de Graças, quatro anos atrás, eu recebi 12 pessoas em minha casa, incluindo 4 crianças pequenas. Estávamos muito satisfeitos, assistindo a um jogo de futebol, falando, lá fora fazia muito frio, o peru estava no forno, tudo estava perfeito. De repente, Trevor invadiu a sala, latindo que nem um louco. Eu pensei, "legal o meu cachorro resolveu enlouquecer na frente das visitas". Eu tentei acalmá-lo, mas não consegui. E então ele começou a correr pra lá e pra cá em direção à porta dos fundos. Até que eu o segui e senti o cheiro. Era gás. Eu acabei com a festa ao estilo SWAT e, em cerca de 30 segundos, nós estávamos todos fora de lá. Eu chamei os bombeiros, eles chegaram rapidamente e, de fato, havia um vazamento. Eles disseram que se Trevor não tivesse me alertado, o local poderia ter ido pelos ares como no Quatro de Julho. Um Quatro de Julho muito triste. Sydney se virou para Rory e disse mais uma vez: Portanto, eu devo isso àquela bola de pelo e, dê no que der, hoje eu vou estar ao seu lado e fazer o que puder por ele. Ele faria o mesmo por mim.

Com resoluta determinação, Rory fitou o turbilhão de tráfego à sua frente e disse:

– Nós vamos conseguir.

Uma espécie de Mar Vermelho abrindo caminho por entre os veículos teria sido o próximo passo de conto de fadas, mas o tráfego de LA se recusava a se adaptar aos desejos e preferências dos dois, que, ao contrário, se mantiveram, como milhares de outras pessoas, abandonados no implacável asfalto da via expressa.

Eles se arrastavam no entroncamento da Rodovia 101 com a 405; os pneus pareciam levar uma eternidade para completar uma volta.

Em seguida, apareceu uma luz no fim do túnel, quando o fluxo de veículos, de repente, despertou: 60, 70, 80, 95 quilômetros por hora.

Eles corriam, vencendo a superfície de asfalto a uma velocidade cada vez maior – 100, 105 quilômetros por hora. De repente, os pneus cantaram violentamente, devido ao terrível atrito entre a borracha e o asfalto quando Rory, subitamente, meteu o pé no freio. O tráfego, mais uma vez, foi interrompido sem motivo aparente, fazendo com que parassem.

– Você acha que deveríamos tentar as ruas do entorno?, Rory perguntou.

– Não, não adianta, foi a brusca resposta de Sydney. E continuou assim nos 16 quilômetros seguintes, com animadoras arrancadas e devastadoras paradas, enquanto o velocímetro subia e descia como um instável mercado de ações. Quando abria uma folga, ainda que por alguns instantes, Rory desviava entre as pistas em um louco ziguezague, empregando todas as práticas de direção imprudente que ele condenava em circunstâncias normais.

O Getty Center podia ser avistado como uma coroa no oeste à medida que eles se aproximavam da Via 10, próximo ao aeroporto. Em condições normais, o Getty, como a sua cidade-sede, poderia facilmente gerar uma conversa animada. Sua vasta coleção de antiguidades de valor inestimável, sua reveladora arquitetura, e até o seu imponente visual, eram motivos para opiniões e discussões. Hoje, no entanto, era ignorada, uma joia desprezada, solitária, no topo de uma colina. Sydney viu seu relógio digital marcar 6:19h, quase 6:20h, quando o Mercedes finalmente escapou da Rodovia 405 e avançou pela rampa de saída de La Cienega. Nem uma palavra foi trocada enquanto os dois trafegavam em velocidade pelo West Century Boulevard, com suas luzes amarelas praticamente convidando-os a prosseguir em desabalada carreira.

– Qual é o terminal?

– Quatro.

Rory passou habilmente pela massa de veículos de transporte das locadoras de automóveis, ônibus, Vans de cortesia de hotéis, e veículos de passageiros que obstruíam vias de acesso em torno dos terminais. Às 6:24h, ele parou bruscamente na calçada em frente ao Terminal Quatro. Sydney saltou do carro e batia impacientemente na tampa do porta-malas, enquanto Rory tentava alcançar a alavanca para destravá-la. Com um puxão no dispositivo, a tampa se abriu e, por pouco, não bateu no queixo de Sydney, fazendo lembrar o que havia acontecido quando eles se encontraram na manhã anterior. "Foi ontem?", pensou Rory, dando a volta no carro e puxando a enorme mala de Sydney para a calçada.

Sydney estendeu a mão, e Rory a apertou.

– Continua fraco, disse Sydney com um sorriso. Antes que Rory pudesse responder, Sydney se virou e se dirigiu rapidamente à porta. Ao alcançá-la, ele se virou e disse: "Conte-lhes uma história".

E, assim, Sydney Wise se foi.

20
A Reunião

Rory se sentou e ficou olhando fixamente para o banco do passageiro, agora vazio, seu couro deformado testemunhava o castigo de acomodar a enorme estrutura de Sydney por quase 650 quilômetros. Rory sorriu, mas sua expressão logo se mostrou confusa quando ele ouviu uma forte pancada em sua janela. Um guarda de trânsito do aeroporto o advertiu severamente: "Quer levar uma multa, companheiro? Mexa-se!" Rory obedeceu com um aceno de cabeça e saiu apressadamente do Aeroporto Internacional de Los Angeles.

Poucos minutos depois, ele estava de volta à Rodovia 405 Sul, a estrada de San Diego, apenas mais uma lata polida que se junta à onda selvagem do tráfego do sul da Califórnia. Ele estava recuperando o controle do carro quando o telefone tocou. Hannah. "Droga", ele pensou. "Esqueci de ligar de volta para ela". Rory atendeu.

– Oi. Ele disse as duas simples letras em um tom ofegante, como que para dar outra conotação, para sugerir algo como "espere até eu lhe contar..." Mas Hannah tinha a sua agenda.

– Onde você estava? Recebeu a minha mensagem?, ela perguntou com um leve tom de frustração.

– Desculpe, querida, foi tudo tão tumultuado! Estou saindo do Aeroporto de Los Angeles.

– Aeroporto de Los Angeles?

– Sim. É uma longa história. Trevor foi atropelado, e...

– Quem é Trevor?

– Desculpe. O cachorro de Sydney. Ele foi atropelado por um carro, sofreu uma ruptura de baço e Sydney pegou um voo de volta para Denver para ficar com ele.

– Será que ele vai ficar bem?

– Não sei.

– Então Sydney não virá para a reunião.

– Não.

Os dois ficaram em silêncio no telefone, o tipo de silêncio que faz você se perguntar se a outra pessoa está pensando em algo, formulando sua próxima frase, ou se a ligação caiu. Finalmente, Rory quebrou o silêncio.

– Você ainda está aí, Hannah?

– Quem é Jim Tobin?

– Ele é... Bem, eu acho que ele é o meu novo chefe.

Hannah interrompeu:

– Por que ele está vindo para a reunião?

– Como você sabe?

– Ele me ligou.

– O quê?, disse Rory, em seguida murmurando para si mesmo: ele deve ter pegado o número na minha pasta do trabalho.

– Rory! Não resmungue, eu odeio quando você faz isso! Fale ao telefone.

– Desculpe. Isso é outra longa história, de qualquer maneira ele não vai ficar lá por muito tempo, apenas o suficiente para eu dar a ele um relatório preliminar sobre planejamento estratégico.

Outro intervalo de silêncio. Rory conhecia Hannah o suficiente para saber que ela estava processando a informação e decidindo se o fato exigia alguma explicação. Aparentemente, comparado ao caos de uma reunião de família em pleno andamento, não.

– A que horas você vai chegar aqui?

Rory observou à sua volta, olhou os *outdoors* como se, de repente, algum deles anunciasse a sua hora de sua chegada a San Diego. Na falta de qualquer pronunciamento nesse sentido, ele disse:

– Provavelmente dentro de duas horas, duas horas e meia.

– Ok, venha depressa, mas dirija com cuidado.

– Pode deixar. Te amo.

– Também te amo. Até já.

Foi mais ou menos em Long Beach, logo após a via expressa 710, que o fluxo mais intenso de veículos diminuiu, permitindo que Rory dedicasse parte de sua concentração à sua apresentação para Jim. De repente, uma ansiedade lhe veio da boca do estômago e logo se transformou em total estado de pânico quando ele percebeu que não tinha como resumir de forma adequada ou concisa o que Sydney havia lhe ensinado. Ele sequer tivera a chance de pensar sozinho no caso. Seu plano era levar tudo, todas as lições e histórias, para o escritório, organizar, resumir, sintetizar e criar uma apresentação abrangente. Aquela oportunidade ainda poderia se apresentar no futuro, mas muito provavelmente só se ele passasse naquele teste inicial com Jim. E, sem dúvida, tratava-se realmente de um teste.

"Foco, Newman!", Rory ordenava a si mesmo, enquanto dirigia decentemente, passando por Seal Beach. Se alguma vez houve um momento para pôr a sua intelectualidade à prova, uma hora para austera concentração, para uma intensa tomada de decisão, aquela era a ocasião. Certamente aquela *não* era a hora para se livrar da responsabilidade, para devaneios, ou para se perder em lembranças. Então, o que ele fez? Com sentimento de culpa, se isentou da urgência que o caso exigia e seguiu faceiramente pelo atraente caminho das lembranças. Sua mente refez o caminho de volta à manhã anterior e ao desajeitado encontro com Sydney. Ele riu ao se lembrar da tampa do porta-malas que quase tirou o pedaço do queixo de Sydney. Ele estava maravilhado com as suas aventuras: o fato de ter enfrentando o Senhor Couro, depois resgatado o casal em apuros; o almoço no El Mariachi, onde as lições realmente começaram a tomar forma; o famoso passeio no rancho Travis Hill, o frio encontro com o angustiado rapaz na Mobile Mart, a loja do Bob, em Pismo Beach; a alegria de Sydney ao encontrar o Days Inn, em Buellton. Ele estava tomado pela nostalgia, o aconchegante casulo que agia como um reconfortante substituto para o que estaria por vir na reunião.

Nenhum detalhe foi poupado nas reminiscências de Rory, à medida que passagens inteiras de um diálogo fluido se passavam em sua mente como uma verdadeira transcrição. Aquele prazeroso coma automobilístico havia absorvido uma boa parte da viagem e ele já estava perto de Fountain Valley quando a cadeia de acontecimentos em sua cabeça chegou ao fim, com a sua breve despedida de Sydney no aeroporto. O momento ainda estava vivo em sua mente, "Continua fraco", disse Sydney tremendo quando apertou a mão de Rory, e quando ele chegou à porta, "Conte-lhes uma história".

"Conte-lhes uma história", Rory se agarrava às palavras, repetindo-as mecanicamente e, conforme ele as repetia, elas se desenrolavam lentamente à sua frente, desde a despedida, e a saudação aparentemente inofensiva de Sydney, até a sua última, e mais importante, lição.

"É isso!", Rory gritou, batendo no volante em sinal de comemoração. "O planejamento estratégico não precisa ser uma seca revelação clínica de fatos e imagens; uma marcha cansativa de monótona retórica. Deve ser algo vivo, dinâmico; é a história do sucesso da empresa!" Ele percebia que quando a Kitteridge desenvolvesse uma nova estratégia, ela teria que vendê-la para seus empregados. O fato de distribuir 100 páginas encadernadas de análise da concorrência, pontos fortes e fracos, e siglas suficientes para causar orgulho a qualquer militar, não iria tocar os corações e mentes de seus colegas. A estratégia tinha que ser uma história na qual cada empregado representasse um papel importante. Eles tinham que ver o mundo diante de si em cores vivas e compreender com total clareza por que a estratégia proposta era o melhor curso de ação. Apenas uma história pode transmitir ideias de maneira tão eficaz. Rory entendia que sua tarefa era a mesma: contar a Jim a história de como eles iriam desenvolver um plano estratégico.

Ele se comprometeu a passar o restante da viagem elaborando a história para Jim, uma narrativa que mostrasse, de modo convincente, por que os passos que Sydney havia compartilhado com ele eram adequados para a Kitteridge ou qualquer outra empresa, por assim dizer. A partir daí, o carro parecia deslizar suavemente sobre a superfície da rodovia, quase pairando. À altura de Costa Mesa, ele havia criado seu capítulo sobre a importância da definição de estratégia, em Lake Forest, na junção entre a Rodovia 405 e a 5 Sul, ele pensava na questão das perguntas criativas. E assim foi, com cada ponto importante estimulando novas associações e cada quilômetro gerando possibilidades interessantes para que ele partilhasse a sua história. O atrito dos pneus e os pensamentos se fundiam e os quilômetros se passavam, completamente despercebidos. Em San Clemente ele reencontrou um velho amigo, o Pacífico. A noite caía, mas a escuridão lhe dava calorosas boas-vindas a caminho do Condado de San Diego. Ele estava a menos de uma hora da reunião.

A estrada estava escura e estranhamente silenciosa à medida que Rory rumava para o sul, agora cercado de ambos os lados por mais de 125.000 acres, em sua maior parte formados por espaços abertos que compunham a Base da Marinha, em Camp Pendleton, nos arredores de Oceanside. Entretanto, o manto da noite não era páreo para o seu ânimo, que beirava níveis estratosféricos, depois que ele descobriu o papel das histórias durante uma discussão sobre estratégia e devido aos altos níveis de pura adrenalina que se sente correr nas veias à medida que o destino final se aproxima após uma longa viagem. A partir da Rodovia 5 Sul, Rory pegou o sentido leste na Rodovia 56, até a cidade de Poway. Ele seguia para o leste quando a modesta cidade logo deu lugar às suas raízes rurais, com condomínios fechados de casas idênticas sendo substituídos por fazendas rústicas de 4, 6, 10 acres e muito mais. Precisamente às 8:45h, ele entrou em uma estrada de terra bastante precária, passou por dois postes, que mais pareciam duas sequoias, que sustentavam uma placa anunciando o rancho Yearsley e seguiu as placas artesanais – certamente trabalho dos pequenos membros da família – em direção à reunião. Coelhos selvagens cruzavam o seu caminho enquanto o farol o conduzia a um estacionamento improvisado e, com um profundo, triunfante e satisfeito suspiro ele estacionou o Mercedes e desligou o motor.

A propriedade do Tio Frank ocupava seis acres das terras, na sua maior parte planas, e, de longe, Rory podia ver a luz tênue das tendas ao seu redor por toda parte. À sua direita, a cerca de 50 jardas de distância, situava-se o centro de toda a movimentação da reunião, o chamado "Chalé Principal". O local era uma verdadeira colmeia em plena atividade, com tochas brilhando, música alta, e uma vibrante cacofonia de conversas envolvendo o ar.

Houve uma grande comoção quando Rory saiu da clareira e apareceu diante da extensa família. Logo ele estava recebendo os cumprimentos habituais nas reuniões de família: calorosos, animados e completamente indiferentes ao fato de a pessoa cumprimentada ser, de fato, membro da família ou não. Jack, o Estripador poderia ter saído das sombras e tido uma recepção igual. Em meio a apaixonadas boas-vindas, Rory podia ouvir vozes estranhas perguntando: "Quem é? Quem? Marido de Hannah?"

Hannah liderou a simpática manifestação e envolveu Rory em um caloroso e muito bem-vindo abraço. Os dois não trocaram uma palavra sequer e Rory logo foi "engolido" pela multidão familiar. Uma vertiginosa sucessão de abraços, beijos e apresentações se seguiu.

– Que bom ver você!

– Eu sou o seu primo Matt.

– É você que consegue esteiras a preço de custo?

– Me dê um abraço, cara!

– Ah, você ainda é mais boa-pinta do que Hannah disse!

Com isso, Rory estava apresentado, era um deles, e poderia se juntar à massa de homens, mulheres, meninos e meninas que giravam vertiginosamente à sua volta. Ele se deleitava com as imagens e os sons de pura alegria que ecoavam no ambiente. Cada nome pronunciado precedido por tia, tio ou primo; cada conversa, realçada com abraços, beijos, ou tapinhas nas costas. Até Jim Tobin entrou na folia! Rory flagrou o peso-pesado das empresas correndo ingenuamente em torno da sala, perseguido pelos primos adolescentes Ben e Jeff, que corriam atrás dele empunhando uma tesoura, sem dúvida com a intenção de eliminar sua gravata. Hannah encontrou Rory mais uma vez e o puxou para um canto da sala. Um olhar misterioso envolveu o seu semblante quando ela disse:

– Falei novamente com a Henrietta, da agência de adoção.

Rory não hesitou:

– O cheque, eu sei, o cheque. É a primeira coisa que vamos fazer na semana que vem. Ele fez uma pausa, avistando Jim, que vinha direto em sua direção, por enquanto livre dos primos Ben e Jeff, depois continuou: dependendo do que acontecer nos próximos dez minutos, não deverá haver qualquer problema.

A curiosidade no semblante de Hannah foi evidente, mas ela não pôde expressá-la diante da presença de Jim, que estendeu a mão para Rory, agarrou-a e disse:

– Linda festa!

– Divertindo-se?, respondeu Rory.

– Sim, ótimas pessoas. O tio Duke, aquele do pijama, é uma figura.

Rory assentiu com a cabeça enquanto os dois admiravam o tio Duke, que ia passando de calças de pijama de cetim estampado, com uma cerveja em uma das mãos e o *Wall Street Journal* na outra.

– Então, eu estou realmente ansioso para saber o que você tem a me dizer, disse Jim na expectativa da resposta.

– Eu também, disse Rory com um discreto sorriso.

O grupo de foliões havia invadido o amplo pátio de madeira do chalé quando alguém gritou: "Peguem seus pares!" O pedido foi recebido por um coro de "Hu Hus", que ecoou em toda a parte, dissipando-se na noite estrelada.

Era evidente que as comemorações no rancho Yearsley, pelo menos sob os auspícios de uma reunião, começavam cedo e terminavam tarde. O tio Frank se dirigiu ao aparelho de som, mexeu, revirou e empilhou alguns CDs, e após alguns segundos a voz fanhosa de Tammy Wynette estava interpretando para a multidão que dançava:

And if you love him
Oh be proud of him
'Cause after all he's just a man
Stand by your man...

A canção continuava tocando, mas a maioria dos membros da família, obviamente, não era muito fã de música *country*, visto que estava engatada na mesma frase, repetindo várias vezes "*Stand by Your Man*". Alheio ao triste lamento, Jim mantinha os olhos fixos em Rory, que se movia apreensivamente pela multidão e gritava:

– Desculpe, pessoal, mas vocês poderiam baixar um pouco o volume? Eu preciso ter uma conversa com o Jim, aqui.

Se ele tivesse feito o pedido em algum idioma africano ou a alguma das palmeiras que rodeavam o pátio, talvez o efeito tivesse sido mais produtivo.

O grupo embriagado continuou com sua melancólica interpretação de *Stand by Your Man*.

No dia seguinte, Rory iria perceber que teria sido mais prudente conversar com Jim em outro canto da casa, mas, naquele momento, no afã de se livrar logo daquilo e compartilhar suas novas convicções, a alternativa jamais lhe ocorreu. Não, eles iriam acertar suas contas ali mesmo. Então, dirigindo-se de forma desafiadora ao grupo, Rory gritou:

– Abaixem isso!

O grupo de festeiros, chocados, interrompeu abruptamente sua cruel cantoria e olhou para Rory. Então, do fundo da multidão uma voz gritou: "Alguém poderia, por favor, atender ao primo Rory?" E o que se seguiu foi um refrão de estrondosas gargalhadas. Hannah tomou bravamente a iniciativa e disse:

– É só um minuto.

O efeito foi mágico. Imediatamente o rebelde grupo se dissipou, com alguns se engajando em conversas paralelas, outros se retirando para o bar, e alguns sentando-se, em silêncio, nas cadeiras de vime espalhadas pelo pátio. Rory retribuiu com um atordoado agradecimento à sua esposa e se virou para Jim.

– Jim, disse ele com natural equilíbrio, vou lhe contar uma história. É uma história sobre *contar a sua história*.

Em seguida, Rory embarcou em sua apresentação. Ele explicou a Jim a importância da definição da estratégia, por que era fundamental que todos estivessem alinhados com a definição para que pudessem depois manter uma comunicação eficaz.

– Toda história necessita de investigação, explicou. Ele falou sobre a necessidade de se fazer o pré-trabalho antes de discutir as possíveis estratégias e abordou a questão de se fazer perguntas criativas e explorar o ambiente atual e o ambiente futuro previsto, de modo a oferecer um pano de fundo para a criação da estratégia. Como Jim apenas assentia com acenos de cabeça, Rory continuou. Ele apresentou a sua lógica para o desenvolvimento ou a confirmação da missão, o propósito central da empresa, nessa fase inicial do processo, e demonstrou como isso funciona como marco de referência para orientar todas as decisões futuras.

Pelo canto do olho, Rory sentiu que alguém se aproximava. Era Hannah. Ele estava um pouco desconfortável com a presença da esposa enquanto fazia o seu relatório, mas percebia sua confiança nele, o que superava qualquer eventual constrangimento. Com vigor renovado, ele contava o próximo capítulo da história, determinando o que impulsiona uma empresa. Ele continuava confiante, enumerando as quatro lentes que podem ser utilizadas para ajudar a responder às perguntas fundamentais de um planejamento estratégico.

O tio Duke havia se aproximado de Jim, e logo foi acompanhado pela tia Gwen e, em seguida, pela prima Sara. A crescente multidão parecia despertar a confiança de Rory, que falava com grande convicção e paixão sobre a etapa seguinte do processo, que era como decidir exatamente que produtos e serviços vender, e quais requerem mais ou menos ênfase.

Rory estava no controle total da situação quando a história chegou ao capítulo seguinte, ou seja, como definir os clientes-alvo. Sua rítmica cadência se mantinha praticamente inalterada à medida que o grupo à sua volta aumentava. A seu lado, esticando as orelhinhas para ouvir, estava a pequena prima Holly, abraçada carinhosamente por tia Kit, ambas de cor-de-rosa da cabeça aos pés. Rory acelerou o ritmo com seu convincente argumento sobre a fundamental importância de se decidir como a empresa irá vender, ressaltando a filosofia da liderança e diferenciação de custo.

Todos estavam de pé, ombro a ombro, em volta de Rory, atentos a cada palavra sua. Depois de uma pausa dramática que deixaria Sydney orgulhoso, ele concluiu dizendo com simplicidade e humildade:

– Então, Jim, é assim que vamos desenvolver um plano estratégico vencedor para a Kitteridge. Todos os olhares na sala se voltaram para Jim, cuja reação agora tinha o poder de estimular o grupo, deixando-o em estado de total frenesi, ou despachá-lo para suas barracas de lona lamentando o destino do pobre primo Rory.

– Fantástico!, exclamou Jim. Eu sabia que você tinha condições de fazer isso!

A sala explodiu em alegria. Os copos, feitos para brindar com suaves tintins, se chocaram uns contra os outros em sinal de comemoração, enquanto as crianças, que não faziam a menor ideia do que estava acontecendo, dançavam alegremente com suas pernas bambas.

"Stand by Your Man!", alguém gritou. E de repente, sem qualquer razão, a canção se tornara o hino da reunião, levando a animada turma de volta ao pátio de madeira para dançar. Cheio de adrenalina, Rory ficou na companhia de Jim e Hannah.

– Podemos preparar uma apresentação formal na próxima semana, disse Jim.

– Ótimo, muito bom.

– Vou apresentá-lo a Abby na segunda-feira. Ela vai trabalhar direto com você nesse projeto.

Rory, que aceitava com relutância o papel de Mark em tudo o que dizia respeito a estratégia, ficou confuso.

– E Mark?, ele perguntou.

– Isso será oficial na segunda-feira, mas..., Jim olhou em volta cuidadosamente, ao ver apenas Hannah e Buddy, o intrépido Lulu da Pomerânia de tio Frank, e continuou:

– Mark foi embora. Questões éticas. E balançando a cabeça, ele concluiu: não sei como Carson ignorava.

Jim se despediu de Rory e Hannah, abriu caminho entre os membros da família e desapareceu na escuridão. Finalmente, Rory e Hannah estavam a sós.

– Estou tão orgulhosa de você, disse ela aninhando-se no peito do marido.

Ele a abraçou pela cintura, levantou-a do chão e exclamou:

– Eu te amo!

Hannah, com a voz abafada, disse:

– Eu falei com Henrietta hoje. Ela me mandou um texto com um anexo interessante.

Como um balão que se esvazia, Rory perdeu instantaneamente a graça.

– O cheque, eu sei.

Hannah colocou os dedos em sua boca, enfiou a mão no bolso e pegou seu telefone celular. "Não", disse ela.

Ela passava uma série de fotos no seu telefone e parou na imagem de uma criança, um anjinho com um rostinho que qualquer um sonha para uma menina. Rory olhou a foto, em seguida para Hannah, que agora ria, e disse:

– Essa é...?

Hannah assentiu. Os dois giravam abraçados até que suas pernas não aguentassem mais e caíram no chão extasiados.

– Deixe-me ver de novo, pediu Rory quando seu telefone tocou. Ele pensou em não atender, a grandiosidade daquele momento que ele jamais esqueceria não era para ser interrompida por algo tão trivial como uma chamada telefônica. Mas o instinto cutucou o sentimento, e ele pegou o telefone. Era Sydney.

– Sydney! Como está Trevor?

– Ele escapou e vai ficar bem. Logo estará lá fora novamente controlando a população de esquilos.

– Isso é ótimo.

– E você? Como foi com Jim?

Rory, o tempo todo olhando para a angelical imagem granulada no telefone de Hannah, começou agradecendo a Sydney pelas aulas, especialmente a mais recente revelação de "contar-lhes uma história". Em seguida, ele recepcionou Sydney com a sua história sobre os acontecimentos da noite, contando-lhe toda a conversa e encerrando o relato com a reação entusiasmada de Jim.

Sydney ficou em silêncio na linha e depois disse:

– É como eu digo sempre, raciocinando você pode sair de qualquer situação.

Roteiro para o Processo de Planejamento Estratégico

Rory conseguiu. Com a ajuda de Sydney ele desenvolveu um processo simples para a criação de um plano estratégico e você pode fazer o mesmo. Rory aprendeu que um plano estratégico não precisa ser complexo para ser sólido e eficaz, mas apenas responder às perguntas básicas e fundamentais para a essência, a natureza e o sucesso de qualquer empresa.

Na Figura 1 você encontrará um gráfico que representa o processo descrito na história, o qual estou chamando de "Roteiro do Planejamento Estratégico".

Nos passos que se seguem, vou rever esse processo e, ao fazê-lo, vou fornecer um resumo dos pontos principais e das perguntas que nossos dois viajantes discutiram em sua viagem pela Rodovia 101.

Passo 1:
Sua equipe tem que ler este livro

Esta é uma tentativa desesperada para impulsionar as vendas de livros e acumular pontos no programa de milhagem, distribuindo autógrafos ao redor do mundo? Absolutamente. Se você vai utilizar este processo, é fundamental que a equipe de desenvolvimento do Plano Estratégico – seus gestores superiores – compreendam o método que irão empregar. Portanto, a leitura deste livro deve ser o primeiro passo no processo, para que todos os membros da equipe compreendam o modelo e estejam alinhados antes de iniciar a criação do plano.

É difícil apresentar essa sugestão sem que isso pareça algo em favor próprio, mas ela realmente não é. Na verdade, é uma tentativa de salvar seu tempo e dinheiro e ajudar a evitar a frustração. Sou consultor no tema *Balanced Scorecard* há mais de 10 anos e, nesse tempo, participei de muitos projetos que foram vítimas de uma síndrome debilitante. Funciona assim:

um membro do alto escalão lê um livro sobre o *Balanced Scorecard*, talvez um meu, talvez um de Kaplan e Norton. Ele adora a ideia, defende-a, e, em seguida, eu estou no local pronto para facilitar o desenvolvimento de um sistema de *Scorecard*. Alguns membros da equipe abraçaram o conceito, enquanto outros foram arrastados relutantemente, e alguns simplesmente concordaram de forma apática, mas, em qualquer caso, eles normalmente não conseguiram se aprofundar no assunto para realmente entender do que se trata o modelo. Nesses casos, claramente, não estamos todos alinhados. O *Balanced Scorecard* é uma metodologia muito proeminente e madura e a maioria dos executivos seniores reluta em admitir que não estão familiarizados, então eles simplesmente dizem: "O *Balanced Scorecard*, é claro que eu conheço", e participam de um *workshop* sobre o tema, sem uma real compreensão das sutilezas ou complexidades do sistema. Tempo e esforço valiosos são desperdiçados porque grande parte do trabalho inicial de planejamento do projeto é despendido eliminando os conceitos equivocados na equipe sobre o sistema e na instrução de seus membros sobre seus muitos detalhes.

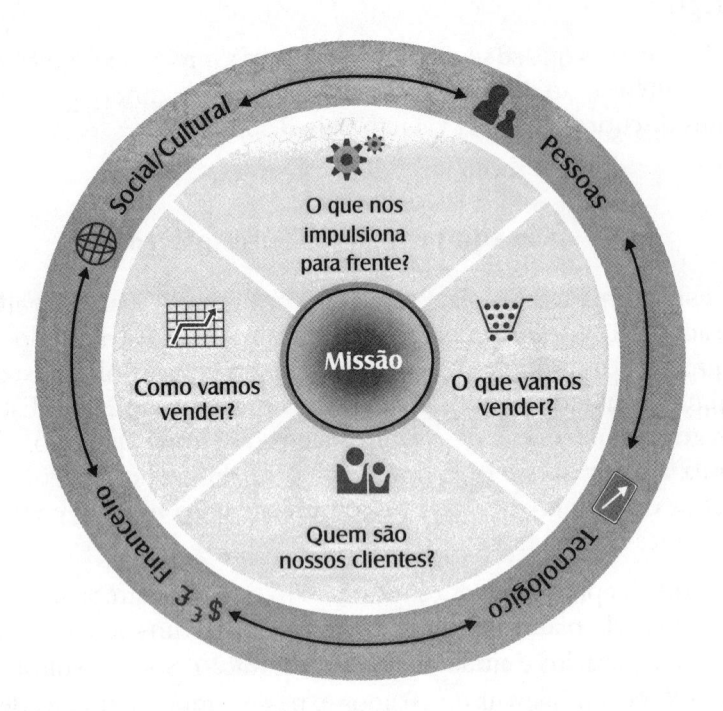

Figura 1

O mesmo ocorre com o modelo que eu estou promovendo aqui. Claro, aparentemente é simples, mas para extrair valor do processo é fundamental que todos os membros de sua equipe realmente o compreendam. Por exemplo, eles devem estar dispostos a desafiar suposições, experimentar seus produtos e serviços a partir da perspectiva de seus clientes, aceitar o fato de que a missão e a estratégia estão intimamente ligadas, compreender como as questões centrais se encaixam e saber utilizar as quatro lentes como auxílio para responder a essas perguntas.

Passo 2:
Determine por que você está desenvolvendo um plano estratégico e defina a palavra "estratégia"

Reúna a sua equipe executiva para esta sessão, cujo objetivo é duplo. Creio que uma das perguntas mais importantes que podemos nos fazer sobre todo o esforço que empreendemos é "por que?". Por que estamos fazendo isso, e por que agora? As respostas a essas perguntas criam o nosso objetivo para o engajamento de fato e orientam nossas ações futuras, criam um senso de urgência quando a acomodação ameaça intimidar seu progresso, e nos ajudam a comunicar a base lógica das decisões que venhamos a tomar.

Reúna sua equipe executiva e se certifique de que cada membro exponha sua opinião sobre a finalidade de desenvolver um plano estratégico, por que comprometer tempo e esforço necessários em elaborar uma estratégia, e por que agora. Além disso, os membros de sua equipe podem compartilhar o que esperam conseguir com o processo, e os benefícios que, na sua opinião, este possa trazer para o progresso da empresa. Eu ficaria espantado em saber que pelo menos um membro de sua equipe nunca tenha vivenciado, em algum momento de seu passado organizacional, uma má experiência com planejamento estratégico.

Agora é o momento de exorcizar os demônios e criar uma linha de frente unida, antes de iniciar o trabalho de planejamento.

O segundo ponto da agenda, e igualmente vital para esta sessão, é o acordo sobre a definição da palavra "estratégia". Você deve se lembrar quando Sydney desafiou Rory para definir a palavra e depois pediu a dois colegas que fizessem o mesmo, o que resultou em três definições diferentes. Experimente isso em sua empresa, o meu palpite é que você irá se deparar com um resultado semelhante. Se cada membro de sua equipe chegar a um *workshop* de planejamento com uma única definição da palavra, eles, obviamente, chegarão a diferentes conclusões e recomendações quanto ao caminho a ser seguido. Nessa etapa, você irá estabelecer regras fundamentais e limites com a sua definição, criando parâmetros de atuação intelectuais e mentais.

Se você está seguindo este modelo para o processo de planejamento estratégico, a definição de estratégia será: *As prioridades gerais adotadas por uma empresa em reconhecimento do seu ambiente operacional e na busca da sua missão.* Essas grandes prioridades são determinadas como resultado das respostas às perguntas fundamentais apresentadas no modelo. O compromisso com essa definição gera um entendimento compartilhado em relação aos próximos desafios, os pontos de foco no decorrer do processo de construção conjunta durante as sessões subsequentes.

Passo 3:
Desafie suas hipóteses e vivencie as experiências a partir da perspectivas de seus clientes

Quando eu estava na oitava série, um professor de Ciências, um dia, nos deu uma lição que eu nunca esqueci. Não me lembro o intuito por trás disso, mas ele caminhou para o quadro-negro, e escreveu a palavra ASSUME com letras maiúsculas e em destaque. Ele olhou para a palavra por um ou dois segundos e virou-se para a classe de atordoados pré-adolescentes, nenhum dos quais tendo qualquer ideia do que ele pretendia fazer. Finalmente, ele voltou ao quadro e disse: "quando você assume você faz". E começou a escrever, enquanto falava, *"ASS U e ME."*[1]

Você provavelmente já ouviu essa e, pensando bem, percebi ter assimilado a lição não só por seu efeito prático, mas pelo choque diante de um professor que escreve e pronuncia a palavra *ass* ("burro") em sala de aula. De qualquer forma, guardei aquelas palavras e muitas vezes recorro à lição, especialmente quando encontro uma situação nova e desconhecida. Não vou sugerir que eu já tenha aperfeiçoado a técnica, mas aprendi a agir com um pouco de cautela e perguntar: "O que estou assumindo em relação a essa situação?" Essa pergunta simples, que ajudou a abrir muitas portas para a solução de problemas ao longo dos anos, é um estado de espírito vital a ser levado para a sua iniciativa de elaboração de um planejamento estratégico. Você deve estar disposto a questionar o modo como as coisas são, ou, melhor dizendo, a maneira como elas lhe parecem ser.

---

[1] N.T.: *ASS,* Burro; *U (YOU),* Você e *ME,* Eu.

Revelar suposições, especialmente quando se trabalha em grupo, permite que todos os participantes aprendam a partir de outras perspectivas, questionem percepções e, em última análise, obtenham um conjunto muito mais amplo de possíveis respostas para qualquer situação.

As intervenções intelectuais são, de certa forma, eficazes, mas a melhor maneira de desafiar suposições é colocando-se em campo e vivenciando experiências práticas, ou seja, procurando ver uma situação sob outro ponto de vista. Durante a narrativa, Sydney conta a história verídica de Bill Bratton, ex-chefe do Departamento de Polícia de Trânsito de Nova Iorque. Ele entendeu que, para mudar a mentalidade de seu pessoal, era preciso desafiar pressupostos profundamente arraigados que todos nutriam em relação ao sistema de metrô, o então chamado "Esgoto Elétrico", e a única maneira de se fazer isso era percorrendo, de fato, o Esgoto. O fato de ver, ouvir, sentir, tocar, e, talvez até mesmo, experimentar o que se passava abaixo do solo lhes serviria de alerta para o que realmente estava acontecendo e os motivariam a partir para a execução de mudanças ousadas.

A empresa IDEO[2], responsável por diversas inovações, de batedores de ovos a *cd players*, adota essa forma de agir na prática, vendo as coisas do ponto de vista dos consumidores sempre que trabalha com um novo cliente, independentemente do ramo de atividade. No Nova York's Memorial Sloan Kettering Cancer Center, por exemplo, a IDEO observou de perto os pacientes, como eles se portavam no sistema, e logo derrubaram a hipótese de que os pacientes não gostavam de esperar muito para receber tratamento. Acontece que eles encontraram outras preocupações mais estressantes, como, por exemplo, aguardar os resultados de um exame de sangue que determina se eles estão aptos a receber naquele dia o tratamento a ser ministrado. Essa e outras descobertas provenientes de experiências levaram a mudanças significativas. Quando a IDEO trabalhou com uma empresa produtora de cimento, a Productos Cementeros Mexicanos, seu primeiro passo consistiu em fazer com que seus executivos andassem nos caminhões transportadores de cimento e visitassem os clientes.

Jamais pressuponha saber exatamente o que seus clientes acham dos seus produtos ou serviços, ou saber precisamente como eles os utilizam. Coloque-se em campo e investigue; observe, ouça e faça perguntas. Só então você vai liberar o espaço cognitivo necessário para que os avanços estratégicos possam ocorrer.

---

[2] N.T.: IDEO é uma empresa de consultoria em *design* e inovação estabelecida em Palo Alto, Califórnia, EUA, com outros escritórios em São Francisco, Chicago, Nova Iorque e Boston.

Passo 4:
Conduza entrevistas com a equipe sênior de liderança para elaborar um histórico dos fatos

Antes de criar o futuro desejado, você precisa entender o seu presente e aprender com o seu passado. Nesta etapa, cada membro da equipe sênior de liderança deverá preencher um questionário que sirva de auxílio exatamente para esse fim. Nas páginas que se seguem na Figura 2 apresentamos uma série de perguntas que você poderá utilizar para criar o seu próprio questionário. Há perguntas destinadas a ajudá-lo a avaliar o momento atual e antecipar o ambiente futuro de sua empresa e outras que enfocam a construção das quatro questões fundamentais subjacentes a este modelo de Roteiro para o Planejamento Estratégico. Elaborei essa lista no intuito de lhe oferecer um menu de opções, mas não recomendo que você exija todas essas questões de seus executivos. Há 26 perguntas na Figura 2 e, para que os seus executivos pudessem responder a todas, seria necessário um enorme investimento de tempo, provavelmente gerando reações antagônicas, e, em última instância, um denso relatório e não um histórico dos fatos. Recomendo um máximo de 15 perguntas, o que talvez já seja demais.

Ao escolher as perguntas a serem incluídas, gostaria de sugerir que procure aquelas que nunca tenham sido respondidas ou que estejam, talvez, formuladas de maneira nova e interessante. Quanto às perguntas relacionadas às quatro meta-questões fundamentais do Roteiro para o Planejamento Estratégico, inclua as suas favoritas, – uma ou duas – na entrevista. Isso irá lhe servir de base para os seus *workshops* de estratégia. Além disso, aquelas questões não abordadas na entrevista poderão ser discutidas na própria sessão.

Questões	A questão relaciona-se a	Notas
Pense nos últimos 10 anos, e considere o que aconteceu no mundo desde então. Você visualizou o iPod, a popularidade dos automóveis híbridos, uma outra guerra no Iraque? Esses foram alguns acontecimentos no mundo em geral, mas o que aconteceu em nosso ambiente de negócios de 10 anos para cá, houve mudanças revolucionárias? Agora, pense 10 anos pra frente. Descreva o que você acha que pode ter algum impacto nos próximos 10 anos; as grandes tendências, as expectativas de clientes e outros envolvidos, as mudanças tecnológicas, as questões demográficas, políticas ou econômicas, e assim por diante.	Mapeamento do Ambiente de Negócios	Admito que esta é uma questão extensa e importante, mas a minha experiência me diz que a energia e a paciência do entrevistado tendem a se esgotar à medida que as questões aumentam. Portanto, vamos ser prevenidos e começar fazendo uma pergunta impactante e que os obrigue a pensar em todas as áreas críticas que podem afetar o seu ambiente.
A questão anterior (de olho no futuro) foi um desafio para que você olhasse para uma bola de cristal e previsse o futuro. Você provavelmente imaginou uma série de coisas que serão diferentes a partir de hoje. Agora mudando um pouco a sua perspectiva, olhe para o futuro novamente, mas desta vez, o que você vê como estável em nosso ambiente? Em outras palavras, o que não irá mudar ao longo dos próximos anos?	Mapeamento do Ambiente de Negócios	Uma outra grande questão, porém igualmente essencial. Esta diz respeito à estabilidade no seu ambiente. Somos muito sensíveis a mudanças, o que é normal, mas é importante que saibamos o que pode permanecer estável e que pode ter algum impacto em nossa estratégia.

(continuação)

Questões	A questão relaciona-se a	Notas
Como pode uma organização recém-formada, com significativos recursos humanos e financeiros, nos tornar irrelevantes? De que maneira essa empresa poderia nos levar à falência?	Mapeamento do Ambiente de Negócios	Esta questão tem como objetivo a percepção das vulnerabilidades.
Quais os pontos fortes de nossa empresa?	SWOT[3]	Esta é a primeira de uma série de perguntas com base no venerável modelo "SWOT" (Pontos Fortes, Deficiências, Ameaças e Oportunidades). Ao pensar em pontos fortes, é comum que você olhe para dentro da empresa (habilidades, processos, competências etc.).
Que características especiais, habilidades ou talentos nós possuímos que podem se tornar pontos fortes no futuro?	SWOT	É possível que a sua empresa tenha fortes circunstâncias e inexplorados, e esta questão o desafia a enumerá-los.
Quais são as fraquezas específicas de nossa organização?	SWOT	Normalmente, esta questão focaliza as deficiências internas.
Temos algum processo, habilidade ou capacidade de que possa levar a deficiências futuras?	SWOT	Com a semelhança da questão relativa aos pontos fortes, esta questão demanda que se façam projeções para o futuro.

[3] **N.T.: *SWOT: Strengths, Weaknesses, Opportunities and Threats*. Pontos Fortes, Deficiências, Oportunidades e Ameaças. SWOT é uma ferramenta utilizada em exercícios de planejamento estratégico, que auxilia a organização na análise de seu ambiente interno (pontos fortes e deficiências) e externo (ameaças e oportunidades), e que pode desenvolver objetivos e diretrizes estratégicas a fim de aproveitar as oportunidades, reforçar seus pontos positivos, defender-se de ameaças e mitigar os pontos negativos.

(continuação)

Questões	A questão relaciona-se a	Notas
Que oportunidades podem existir para a nossa empresa?	SWOT	Geralmente as perspectivas de oportunidades são externas, ou seja, olhe para fora. Talvez convenha solicitar que as oportunidades sejam delineadas de acordo com a perspectiva de prazo de ocorrência: curto, médio e longo prazo, por exemplo, de acordo com o impacto que possam ter na estratégia a ser desenvolvida.
Que ameaças a nossa empresa enfrenta?	SWOT	Como na resposta acima, talvez convenha delinear as ameaças de acordo com a perspectiva de prazo de ocorrências.
Como podemos combinar de forma criativa quaisquer pontos fortes e oportunidades existentes?	SWOT	Esta questão focaliza o componente "análise" de uma SWOT, desafiando seus executivos a pensar sobre como combinar pontos fortes e específicos tanto com as novas oportunidades quanto com aquelas já existentes.
Como podemos atenuar o impacto combinado de deficiências e ameaças?	SWOT	Esta pergunta é o inverso da anterior. Aqui, você está combinando deficiências e ameaças que possam atuar juntas para prejudicar a sua empresa e desafiando os seus executivos a determinar como atenuar eventuais resultados perniciosos.

(continuação)

Questões	A questão relaciona-se a	Notas
O que impulsiona nossa receita e nossa lucratividade?	O que nos impulsiona?	Esta e as duas perguntas que se seguem focalizam a primeira das quatro perguntas fundamentais de estratégia, "o que nos impulsiona?" Você pode considerar também a inclusão de uma pergunta que descreva as seis opções apresentadas no livro e pedir aos entrevistados que escolham uma. Contudo, isso provavelmente iria exigir algum espaço adicional para explicar cada opção. Sugiro que você guarde este exercício para o seu *workshop* de planejamento estratégico. As perguntas aqui apresentadas servirão de base para essa discussão.
O que fazemos melhor do que qualquer outra empresa no mundo?	O que nos impulsiona?	Se sua empresa faz algo melhor do que ninguém, isso pode ser um indício daquilo que a impulsiona.
Que habilidades ou competências específicas nós possuímos que dificilmente os nossos concorrentes conseguiriam copiar?	O que nos impulsiona?	O Processo de Planejamento Estratégico não se concentra na concorrência, mas esta questão focaliza os atributos que você pode usar para se diferenciar.
Temos algum produto ou serviços excepcionalmente bem-sucedido? Em caso afirmativo, quais são as suas características?	O que vendemos?	A sua tarefa com a pergunta "O que vendemos?" consiste basicamente em definir os produtos e serviços que requerem mais ou menos ênfase. Portanto, é importante determinar os produtos e serviços que têm se mostrado mais bem sucedidos e porquê.

(continuação)

Questões	A questão relaciona-se a	Notas
Tivemos algum produto ou serviço excepcionalmente malsucedido? Em caso afirmativo, quais são as suas características.	O que vendemos?	Esta pergunta é o inverso da pergunta anterior.
Alguns de nossos clientes fazem alterações significativas em nossos produtos e serviços para uso próprio?	O que vendemos?	Esta pergunta ajuda a identificar alterações realizadas em produtos e serviços.
Que produtos e serviços geram as maiores margens de lucro?	O que vendemos?	Autoexplicativa.
Que produtos e serviços geram as menores margens de lucro?	O que vendemos?	Autoexplicativa.
Onde vendemos atualmente (mercados geográficos)?	Quem são os nossos clientes?	Esta pergunta e a próxima desafiam os respondentes a examinar os atuais clientes e as determinantes do sucesso.
Onde vendemos e por quê?	Quem são os nossos clientes?	Idem acima.
Temos algum segmento de clientes em que sejamos malsucedidos? Em caso afirmativo, qual a razão da nossa falta de êxito no atendimento a esses clientes?	Quem são os nossos clientes?	Esta pergunta é o inverso das duas perguntas anteriores.

(continuação)

Questões	A questão relaciona-se a	Notas
Existem clientes que o nosso setor prefere não atender? Em caso afirmativo, por que não?	Quem são os nossos clientes?	Esta pergunta visa identificar possíveis novos grupos de clientes.
Algum grupo de clientes exige nível de apoio significativamente maior ou menor do que outros?	Quem são os nossos clientes?	Esta pergunta diz respeito à rentabilidade dos clientes.
Que necessidades dos clientes estão mudando com mais rapidez e por quê?	Quem são os nossos clientes?	Esta pergunta pode ser usada para relacionar as mudanças de comportamento dos clientes com seus pontos fortes específicos.
Por que os nossos clientes optam por fazer negócios conosco?	Como vendemos?	O objetivo nesse caso é determinar se devemos nos concentrar na liderança de custo ou em alguma forma de diferenciação, a única pergunta para esta parte específica do processo de construção da estratégia.

Passo 5:
Distribua o histórico dos fatos à sua equipe de liderança

A corrida do Ouro, na Califórnia, teve início em 1848, um pouco antes do meu tempo, de modo que não garimpei ouro e, por essa razão, não deveria usar analogias de garimpagem, mas aqui vai. É vital que os membros de sua equipe de liderança façam uma revisão crítica do histórico dos fatos antes do *workshop* para montagem da estratégia, de modo que que, ao chegar, todos estejam a par da situação da empresa e prontos e habilitados a defender suas posições com base em uma cuidadosa análise dos fatos. Aqui entra a questão do ouro – quando você está no rio garimpando, você peneira quantidades enormes de areia para encontrar uma pepita, mas quando a encontra, você sabe que há mais no local de onde essa veio e que, por isso, você está rico.

É a mesma ideia aqui. Você irá utilizar um enorme volume de informações ao analisar o histórico dos fatos, mas ao encontrar o ouro de estratégia melhor, verá que o tempo e o esforço valeram a pena.

Passo 6:
Criar ou confirmar a sua missão

Ao discutir a missão, o propósito central de uma empresa, Sydney diz a Rory: "O propósito é o ponto central da engrenagem da estratégia..."

Bem, se você olhou o diagrama do Roteiro para o Processo de Planejamento Estratégico, perceberá que a missão reside no centro, ou no coração, dessa engrenagem.

A declaração de missão define a sua razão de ser como empresa, não se limitando apenas ao sucesso financeiro, o qual, para uma empresa movida pelo lucro, é uma dádiva. A vocação mais nobre, a sua contribuição para a sociedade e a motivação de sua equipe para se engajar em seu trabalho, se refletem na missão.

A estratégia define as grandes prioridades que você irá adotar em reconhecimento do seu ambiente operacional e na busca da sua missão. Em outras palavras, a missão ajuda a orientar o desenvolvimento da estratégia, agindo como um farol para o seu trabalho. Além de fornecer orientação para o seu trabalho, a missão permite que a sua equipe de liderança explique a importância das decisões estratégicas por ela tomadas demonstrando sua relação com o propósito central.

Apresentamos a seguir algumas características de uma declaração de missão eficaz. Se sua empresa já possui uma declaração de missão, utilize esses atributos para determinar a sua eficácia. Caso não tenha uma missão, os itens abaixo o ajudarão a elaborar a sua declaração de propósito.

- *Inspirar mudanças*. Embora não mude, a sua missão deve inspirar grandes mudanças na sua empresa. Pelo fato de nunca ser totalmente realizada, a missão deve impulsionar a empresa, estimulando as mudanças e o crescimento positivo. Tomemos como exemplo a missão da 3M, que consiste em "Solucionar de forma inovadora problemas não resolvidos". Essa missão simples e poderosa certamente conduz a 3M a muitas áreas novas e interessantes à medida que a empresa tenta resolver os inúmeros problemas que enfrentamos.
- *Ter caráter de longo prazo*. As declarações de missão devem ser escritas para durar 100 anos ou mais. Como as estratégias certamente irão mudar no decorrer desse tempo, a missão deve continuar sendo a base da empresa, servindo de referência para todas as decisões futuras.
- *Ser de fáceis compreensão e comunicação*. Frases de efeito não têm vez em uma declaração de missão, que deve ser escrita em linguagem simples, que seja facilmente entendida por todos os leitores. Uma missão convincente e memorável é aquela que atinge pessoas de forma visceral, fala com elas e as motiva a servir ao propósito da empresa. Na realidade, você pode considerar a sua missão um valioso instrumento de recrutamento para atrair indivíduos dispostos a abraçar a sua causa.

Se a sua empresa atualmente não possui uma declaração de missão, considere o uso do método dos "Cinco Porquês" que Sydney apresenta a Rory. Comece com uma declaração descritiva, tal como "Fazemos os produtos X ou prestamos os serviços Y". Em seguida, pergunte cinco vezes: "Por que isso é importante?". Após alguns exercícios com esses "porquês" você verá a sua verdadeira missão emergir. Este processo se aplica a praticamente qualquer empresa de produtos ou serviços. Por exemplo, uma organização de pesquisa de mercado pode deixar de "Fornecer os melhores dados de pesquisa de mercado" e passar a "Contribuir para o sucesso dos clientes, ajudando-os a compreender seus mercados", após algumas rodadas de questionamentos. Você verá que a cada rodada de "porquês" a sua verdadeira razão de ser como empresa aparecerá de forma mais pronunciada e o valor ou a contribuição que você se esforçou para criar ou fazer se tornará evidente.

Passo 7:
Desenvolver a estratégia respondendo às quatro perguntas fundamentais e utilizando as quatro lentes

As quatro perguntas fundamentais de estratégia e as quatro lentes que você irá utilizar como auxílio para respondê-las aparecem novamente na Figura 3 do Roteiro para o Processo de Planejamento Estratégico.

Nas seções que se seguem, vou rever as perguntas na ordem em que aparecem no livro e no diagrama, trabalhando no sentido horário de "O que nos impulsiona para a frente?" Na história, as quatro lentes são introduzidas após a primeira pergunta. Contudo, aqui no resumo, para fins de continuidade, inseri as lentes após a pergunta final.

Pergunta Fundamental de Estratégia número 1:
O que nos impulsiona para a frente?

Toda empresa, esteja ela consciente disso ou não, é movida em uma determinada direção em decorrência de suas ações.

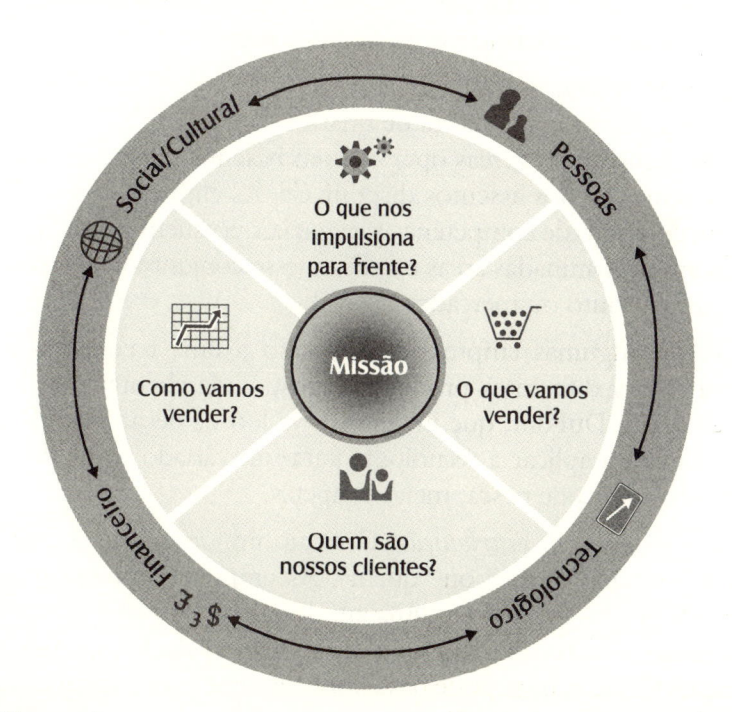

Figura 3

Sua tarefa quando ao responder a esta primeira das quatro perguntas de estratégia é determinar o que atualmente impulsiona a sua empresa e se essa situação é adequada, dada a sua missão e as informações obtidas a partir das respostas às perguntas feitas durante as entrevistas, constantes no seu histórico dos fatos.

As seis áreas potenciais de propulsão são as seguintes:

1. *Produtos e serviços:* As empresas impulsionadas por produtos e serviços podem vender para vários grupos de clientes diferentes, utilizando diversos canais, mas seu foco está em um produto ou serviço principal. Sydney usa o exemplo da Boeing, a fabricante de aeronaves. Com sua tecnologia e habilidades, a empresa provavelmente poderia projetar e construir uma infinidade de produtos, mas a Boeing mantém seu compromisso com a indústria aeroespacial.

2. *Clientes e mercados:* Empresas dedicadas a clientes e mercados podem fornecer uma série de produtos ou serviços, mas todas dirigidas a um público-alvo. As diversas mercadorias da Johnson & Johnson têm algo em comum: são voltadas para as necessidades do mercado-alvo da empresa – médicos, enfermeiros, pacientes e mães.

3. *Capacidade ou competências essenciais:* Os hotéis focalizam a capacidade. Com uma determinada oferta de quartos, seu objetivo é ocupá-los, só isso. As companhias aéreas operam com base no mesmo princípio, ou seja, a ocupação dos assentos disponíveis. As empresas impulsionadas por um conjunto de competências essenciais possuem habilidades específicas em determinadas áreas e aplicam esse conjunto de ferramentas a qualquer produto ou mercado possível.

4. *Tecnologia:* Algumas empresas têm acesso a uma tecnologia própria utilizada para diferentes produtos e grupos de clientes. Na história, Sydney cita a DuPont, que inventou o nylon na década de 30. A empresa passou a aplicar a tecnologia para um variado leque de ofertas, incluindo a linha de pesca, meias e tapetes.

5. *Vendas e os canais de distribuição:* O termo importante para este foco é "como", e não "o que" ou "quem". As empresas impulsionadas por canais de vendas promovem uma ampla gama de produtos através dos seus canais selecionados. As redes de compras pela TV são um grande exemplo. Onde mais se pode uma hora comprar maquiagem e, logo em seguida, aparelhos de DVD?

6. *Matérias-primas:* No caso das empresas petrolíferas, todos os seus produtos derivam do ouro negro que é bombeado do solo. Você pode possuir as habilidades e tecnologia necessárias para transformar o petróleo em uma série de produtos, mas todas serão diretamente provenientes da matéria-prima original.

Alguns estudos recentes vieram esclarecer, até mesmo tratando com um certo desprezo, o tema da multitarefa, o melhor amigo e aliado mais próximo da personalidade tipo A. Acontece que a maioria das pessoas simplesmente não tem talento ou agilidade mental suficiente para lidar com vários desafios ao mesmo tempo e quando tentam equilibrar vários pratos de uma só vez, acabam por derrubar boa parte. Há um limite para a nossa atenção e o nosso foco, e as empresas estão sujeitas às mesmas limitações. É possível que algumas analisem as opções apresentadas acima e declarem com bravura: *"Nós podemos fazer tudo isso!"* Essas empresas acreditam que, por serem capazes de equilibrar todos os pratos, podem servir a todos, a qualquer custo, e ser sempre bem-sucedidas. Mas a realidade nos mostra o contrário e, na verdade, essa falta de foco – as multitarefas sustentadas pelos anabolizantes corporativos – é garantia de dispersão de esforço, confusão e ceticismo da parte dos empregados já cansados de mudanças e sobrecarregados de tarefas, gerando, em última análise, em resultados abaixo do ideal. Determine o que o impulsiona para a frente e procure otimizar essa condição.

Pergunta Fundamental de Estratégia número 2:
O que vendemos?

Independentemente do que o impulsiona como empresa, você tem que vender algo para que seus clientes mantenham a caixa registradora sempre ativa e os participantes do processo financeiro tranquilos. Por exemplo, clientes e mercados impulsionam a Playboy, e o seu público-alvo são homens, mas a empresa ainda precisa determinar exatamente o que vender.

A QVC é impulsionada por um canal de vendas exclusivo, mas, mais uma vez, deve decidir exatamente o que será processado através desse sistema.

O desafio com essa pergunta consiste em examinar criticamente suas ofertas atuais de produtos e serviço e determinar aquelas que exigirão maior ou menor ênfase no futuro. As quatro lentes (discutidas em uma próxima seção) vão ajudar na sua decisão, assim como as respostas das entrevistas sintetizadas no seu histórico de fatos sobre a empresa, ou seja, o documento que cada membro de sua equipe de planejamento deveria ter estudado antes de comparecer à reunião.

Pergunta Fundamental de Estratégia número 3:
Quem são nossos clientes?

Tal como acontece com a pergunta "O que vendemos?", utilizada para determinar os clientes-alvo, aqui o principal objetivo é definir aqueles clientes (e localidades) que exigirão maior ou menor atenção no futuro. O ponto de partida para essa decisão é que você tenha um bom conhecimento do perfil de seus clientes atuais, examinando aqueles indicadores de costume, tais como: a satisfação do cliente, a fidelidade do cliente, a lucratividade por cliente, a retenção dos clientes e a participação de mercado. Naturalmente você também vai precisar se colocar no lugar de seus clientes e experimentar tudo pelo ponto de vista deles.

Além dos indicadores observados anteriormente, você deve fazer as perguntas que Sydney sugere na história: "Que necessidades dos clientes estão mudando de forma mais rápida e radical e por quê?" "A nossa direção está alinhada com essa migração?" "Quem utiliza o nosso produto em grandes quantidades?" E não deixe de considerar também os não-clientes: "Que grupos o setor opta por não servir?" "Quem não utiliza o nosso produto ou serviço agora, mas poderia utilizá-lo se fizermos alguns ajustes?" Sem dúvida, a combinação dessas perguntas mais específicas com os indicadores comuns acima irá produzir alguns esclarecimentos interessantes.

Muitas empresas definem os seus clientes-alvo, analisando atentamente a movimentação da concorrência e reagindo de acordo com suas constatações. Minha tendência é acompanhar os concorrentes, mas sempre fazendo dos clientes e dos não-clientes o foco da análise e do processo decisório. Na história, Sydney cita Jeff Bezos ao dizer: "Os concorrentes não vão lhe dar nada a ganhar". Eu sei que nenhum dos meus jamais me rendeu um único centavo, os seus já? Ainda em relação aos concorrentes, Dave Balter, o CEO da agência de publicidade *BzzAgent*, especializada em propaganda boca-a-boca, diz: "A maioria das empresas consideram suas apresentações internas confidenciais; nós postamos publicamente nossas apresentações de vendas produzidas em PowerPoint. Se um concorrente quer ver nossos *slides*, qual o problema?"

Que ousadia! Mas é verdade, observar de perto os seus concorrentes, perder o sono pensando no próximo passo que eles irão dar, ficar atento a todos os seus movimentos, tudo isso provavelmente só irá levá-lo a copiar suas decisões e frustrar qualquer vantagem que eles possam ter. Multiplique isto por uma combinação de tempo e diversos envolvidos e o resultado será uma indústria desprovida de inovação, na qual cada concorrente está impiedosamente perseguindo cada fração de participação de mercado, ainda que isso signifique margens de lucro ínfimas ou mesmo negativas.

Pergunta Fundamental de Estratégia número 4:
Como vendemos?

Você determinou a missão que define o seu propósito central, definiu o que o impulsiona, decidiu o que vender, e para quem vender, agora resta uma última pergunta: Por que alguém haveria de comprar os nossos produtos ou serviços? Essa é a essência da quarta pergunta fundamental de estratégia. Você deve demonstrar claramente o valor de sua empresa para os seus clientes e possíveis clientes, de modo a: primeiro chamar sua atenção, conquistá-los na primeira transação e, oxalá, retê-los, para que eles voltem sempre a fazer novas compras.

As opções são limitadas e básicas: você pode tentar oferecer o menor custo total a seus clientes, ou apresentar-lhes um produto ou serviço *diferenciado*.

As empresas que competem na questão do menor custo total, categoria em que o Wal-Mart representa esse modelo de eficiência, têm investido muito em competências, processos e recursos que as permitam padronizar suas operações e criar uma fórmula que possa ser repetida e resulte em preços baixos para o consumidor. O McDonald's segue a mesma abordagem no setor de lanchonetes. Você não desfrutará um ambiente sofisticado ao optar por um Big Mac, mas o preço, sem dúvida, será justo se comparado ao do pequeno bistrô francês localizado no centro da cidade.

Se você optar por competir com base na diferenciação, há dois caminhos a serem seguidos. O primeiro é baseado na diferenciação de cultivar relacionamentos sólidos e saudáveis com os clientes, de modo que você não visualize uma única transação, mas a construção de algo que dure anos, talvez décadas, ou até mesmo a vida inteira. Você cobra mais pelo seu produto ou serviço, mas o seu conhecimento das necessidades do cliente, o seu serviço, e o seu *know-how* são tão superiores que a sua clientela está disposta a pagar mais para usufruir essas vantagens. Veja a Nordstrom. O seu serviço ao cliente é lendário, o que faz com que seus clientes voltem ano após ano.

Um segundo caminho de diferenciação é competir com base na superior funcionalidade de seus produtos. As empresas que seguem esse caminho direcionam seu foco para a inovação e o *design*, elaborando produtos revolucionários que apresentam as melhores e mais avançadas funções, sempre enfatizando a tecnologia envolvida. A Apple pode ser considerada líder de produto, dada a sua história de criação de novos e empolgantes produtos, como o iPhone, seu mais recente lançamento.

Há anos venho pedindo a clientes que participam de meus *workshops* que digam qual dos três caminhos eles seguem: menor custo total, intimidade com o cliente (ótimo serviço, promoção do relacionamento) ou liderança do produto. Após o inevitável silêncio e olhares furtivos para o CEO, uma alma corajosa surge e apresenta uma tímida alternativa normalmente seguida de "Mas, na realidade, nós precisamos adotar as três opções", o que geralmente é recebido com um aceno de cabeça afirmativo pelos demais. Se você também estiver concordando, pare imediatamente. Não se pode seguir os três caminhos, pelo menos não exclusivamente. Acho que Sydney disse bem:

"Eu lhe garanto que um bom serviço, produtos de confiança e preços justos são as grandes apostas em qualquer negócio. Mas o que eu estou falando é de um compromisso com a forma como você vende, de como você se propõe a agregar valor para os seus clientes. Wal-Mart, Nordstrom, Apple, todas têm investido alto em determinadas competências e para cumprir suas promessas. Elas não podem fazer as três coisas de uma forma pura. Não sem ir à falência durante esse processo. Nem você, nem qualquer outra empresa no mundo. Além disso, quando precisam tomar uma decisão, as empresas que fizeram uma escolha sabem como reagir.

A Apple, por exemplo, sabe que na hora do aperto o seu foco sempre será direcionado para o produto. As empresas que não têm um foco verão seus gerentes correndo de um lado para o outro, completamente desnorteados, sem saber como reagir".

Todas as questões apresentadas no livro são vitais, mas se eu tivesse que escolher uma em relação à qual a sua equipe deveria fundamentalmente chegar a um consenso, seria essa. Em muitos aspectos, ela representa a agregação de suas respostas às perguntas anteriores, e irá causar um impacto direto e significativo em todas as decisões e investimentos que você fizer daqui para a frente.

As Quatro Lentes

Então, como você responde a essas perguntas estratégicas? Na parte exterior do diagrama do Roteiro para o Processo de Planejamento Estratégico você irá encontrar o que eu chamo de "As quatro lentes". Cada uma delas deve ser vista exatamente assim, ou seja, como uma lente através da qual você irá analisar a questão em tela ou uma perspectiva diferente que você possa adotar ao decidir sobre as alternativas existentes. Enquanto trabalha cada uma das perguntas fundamentais, você pode mudar a lente. É como se você estivesse girando o segredo de um cofre, embora no segredo de um cofre exista apenas uma combinação correta. Com as quatro lentes, cada combinação de pergunta e lente é válida, porque cada uma representa um desafio novo e esclarecedor.

Já falei sobre a importância de se desafiar as hipóteses durante o processo de planejamento estratégico, e essa é mais uma ferramenta que irá ajudá-lo a fazer isso analisando cada pergunta estratégica através de diversas lentes. Veja a seguir um resumo de cada uma:

- *Sociocultural:* Como Sydney diz a Rory, "Você tem que começar com o coração". Ao discutir e debater as perguntas estratégicas e desenvolver possíveis respostas, pense na possível resposta que reflete a sua paixão como empresa. Por exemplo, se sua empresa é impulsionada por uma tecnologia própria, tem uma longa e orgulhosa tradição de avanço tecnológico que justifique o orgulho de seus funcionários, talvez não faça sentido do ponto de vista sociocultural mudar seu foco para clientes e mercados ou qualquer outra alternativa. As evidências sugerem que, para que tais mudanças levem a um grande sucesso, elas têm que ser substanciais para suplantar os sentimentos do seu pessoal.

- *Pessoas:* Ao buscar respostas alternativas para as perguntas estratégicas, é fundamental que você seja implacavelmente realista em relação às habilidades e talentos de sua equipe. Pode ser que você queira vender pranchas de surfe, porque três membros de sua equipe são surfistas inveterados, mas se sua equipe de vendas nunca foi à praia, as suas chances de sucesso são pequenas. Nesse caso, para fazer a transição, você teria que estar disposto a investir no treinamento, talvez em consultoria (consultores surfistas?), e em novas contratações para compensar a possível lacuna nas competências.

- *Tecnológica:* A tecnologia se tornou um fator importante em praticamente todos os setores, devendo, portanto, ser cuidadosamente considerada quando você responder às quatro perguntas estratégicas fundamentais. Será que a resposta da qual você está cogitando requer investimento em novas tecnologias? A tecnologia atualmente emprega da se tornará redundante? É importante perceber que uma lente exerce influência sobre a outra. Novas tecnologias podem exigir novos conjuntos de habilidades, ou seja, a lente humana. E a tecnologia é um dos elementos mais ameaçadoras que se pode introduzir, especialmente para trabalhadores experientes, daí a importância de você conhecer bem a sua lente sociocultural.

- *Financeira:* Talvez a mais básica das quatro lentes, mas certamente não deve ser negligenciada. Toda decisão que você tomar ao responder às quatro perguntas provavelmente implicará na alocação de recursos, como: treinamento de pessoal para cobrir a lacuna de competências (lente humana), investimento em novas tecnologias (lente tecnológica), ou criação de uma campanha de comunicação para apoiar a direção escolhida (lente sociocultural). Por outro lado, cada decisão deve ser examinada à luz das possíveis receitas e lucros que resultarão da busca desse caminho.

Passo 8:
Criar a estratégia

Quando eu estava escrevendo a história vislumbrei uma imagem na qual Sydney fornecia a Rory uma cópia do plano estratégico da Kitteridge, um volumoso documento que Sydney recebia com grande desdém e não hesitou em jogar pela janela do carro em movimento. Infelizmente, eu não consegui resumir essa cena no livro, mas tamanho é o meu desprezo por planos gigantes, que me senti muito angustiado em cortar essa cena, como dizem na indústria cinematográfica.

O valor de um plano estratégico nunca, repito, nunca deve ser julgado com base no seu tamanho. Sem dúvida, você irá sacrificar muitas árvores no decorrer dessa empreitada, dos históricos dos fatos obtidos a partir das entrevistas realizadas às folhas de *flipchart* usadas nos *workshops*, e eu recomendo que você documente tudo o que for discutido ao longo de todo o processo. Todavia, isso não deve representar o produto final. O resultado final de suas deliberações deve ser uma declaração simples, talvez com apenas um parágrafo, que combine as respostas para as suas perguntas fundamentais de estratégia.

Você poderia fazer isso agora, antes de responder as perguntas no caderno? Costumo contar a história, talvez um apócrifo, de Mark Twain, que certo dia, começou a escrever uma carta concisa para um amigo, uma tarefa não tão simples quanto parecia. Ele contava na carta: "Tentei escrever uma carta pequena, mas diante de tamanha dificuldade, resolvi escrever uma longa carta". O mesmo se aplica ao planejamento estratégico. A maioria das empresas não consegue enfrentar as questões básicas e fundamentais com que se deparam e produzem planos monótonos com gráficos confusos que não oferecem qualquer solução concreta. Ouse ser diferente. Produzir uma declaração clara e concisa de estratégia não é uma acusação contra pensamentos e debates vigorosos, mas, sim, um resultado lógico de tal empreendimento.

Quanto à composição da declaração de estratégia (ou o que você decidir por fim chamá-la), você irá notar que eu sugeri que ela concatene as suas respostas às quatro perguntas fundamentais da estratégia. Não precisa ser nenhuma obra de Shakespeare, mas deve haver um fluxo narrativo coerente com a declaração, uma qualidade lírica que demonstre não se tratar apenas de quatro frases conectadas ao acaso. Na minha cidade havia uma loja de automóveis que anunciava na TV quando eu era jovem. Meu pai não era um homem de riso fácil, mas todas as vezes em que o chefe dessa concessionária aparecia, meu pai caía na risada.

O anunciante, provavelmente patrocinando o anúncio para captar negócios, aparecia em pé na frente de uma reluzente fileira de carros novos e dizia na cadência de um zumbi que tomou uma boa dose de Prozac, "nós... queeeeeremos... fazer... negócio..." Era um cântico robótico com toda a emoção de um poste. É assim que a sua declaração de estratégia irá soar para os seus empregados se você simplesmente juntar as respostas. Portanto, reserve um tempo e exercite a criatividade para elaborar uma declaração que comunique a sua estratégia de forma clara e convincente. Aqui está um exemplo:

A Nova Beleza Floral oferece buquês de rosas frescas para os consumidores que desejam a beleza e a elegância das rosas a preços módicos. Nosso mercado-alvo está na região sul da Califórnia, onde obtemos uma significativa vantagem de custo que podemos repassar aos nossos clientes sensíveis que buscam os melhores preços, de pequenos distribuidores locais a grandes varejistas.

Só isso. Cinquenta e sete palavras que dizem muito e respondem às quatro perguntas com precisão e economia. Podemos ver que a Nova Beleza Floral é impulsionada por produtos (flores) e eles vendem apenas rosas, não buquês para todas as ocasiões, nem vasos, apenas rosas. Seu ponto de foco é o sul da Califórnia porque a empresa cultiva suas flores em nível local e explora as vantagens de custo que podem ser repassadas para o seu mercado-alvo, formado por clientes sensíveis ao preço. Daí sabermos que o baixo custo é a resposta à pergunta final sobre como a empresa vende para os seus clientes.

Além disso, a declaração de estratégia da Nova Beleza Floral, com a sua admirável concisão, é um sólido referencial para futuras decisões a serem tomadas. Os líderes agora têm um filtro através do qual poderão avaliar as oportunidades que inevitavelmente irão surgir no decorrer de suas ações cotidianas. Essa visão assegura baixos custos aos seus clientes-alvo? Permite-lhes aproveitar a vantagem que ele têm concentrando-se no mercado do sul da Califórnia? Envolve buquê de rosas, o produto de foco escolhido? Com esse prisma à sua disposição, gerentes e empregados em todos os níveis da empresa podem se manter informados e tomar decisões alinhadas, e o que é mais importante, que garantam a fidelidade de todos à opção estratégica da empresa.

Agora um último detalhe sobre a declaração de estratégia: apesar do que eu disse anteriormente sobre a concatenação das respostas, a sua declaração deve, em última análise, ser elaborada respeitando a sua cultura específica. Se um parágrafo descritivo causar estranheza, uma vez que, ao que se sabe, você sempre redigiu em forma de listas ou tópicos, o que sempre funcionou, de maneira nenhuma mude o seu estilo.

Passo 9:
Analise e verifique a estratégia

Desenvolver uma nova estratégia é um trabalho árduo, sem dúvida, mas também é revigorante e emocionante, quando você explora suas hipóteses, analisa informações sob uma nova ótica e, por fim, cria uma declaração que o levará ao sucesso. Uma importante ressalva que se deve ter em mente durante este intenso processo, especialmente quando se começa a chegar a determinadas conclusões, é quanto à possibilidade de uma eventual falta de objetividade. Isso pode tornar a sua equipe vulnerável aos efeitos corrosivos do "pensamento de grupo", gerando uma redução do conflito construtivo e favorecendo o consenso fácil e rápido.

Para se proteger contra isso, é importante que haja um grupo independente, cujos membros não tenham participado do processo efetivo de definição da estratégia e análise e verificação dos resultados alcançados. O objetivo desse painel não é reescrever a estratégia, mas fazer as perguntas difíceis que até mesmo executivos experientes talvez não queiram responder ou não se sintam à vontade para responder durante os *workshops* de estratégia. Os trabalhos do painel não devem ser considerados uma inquisição selvagem tentando condenar os criadores da estratégia por pequenas falhas no documento. Repito, trata-se apenas de uma revisão feita por terceiros, cujo objetivo é o de garantir que todos os pressupostos tenham sidos desafiados, as questões complexas tenham sido levantadas e, talvez o mais importante, que a equipe de criação da estratégia tenha a oportunidade de defender de forma apaixonada, articulada e com credibilidade a declaração de sua autoria. Membros independentes do conselho, executivos aposentados, e até conhecidos ranzinzas corporativos eventualmente podem fazer parte do painel de verificação.

Uma vez que sua estratégia tenha passado pelo processo de revisão é hora de comunicar, comunicar e comunicar. Em meus *workshops*, eu apresento uma estatística que mostra que apenas 5% da força de trabalho compreendem a estratégia da empresa. À medida que os participantes começam a "digerir" o impactante número, pergunto ao grupo como é possível um percentual tão discrepante. Repetidas vezes ouvi sugestões de que isso se deve ao fato de a estratégia nunca ser amplamente comunicada. Públicos provenientes de pequenas empresas, grandes corporações, órgãos públicos e instituições sem fins lucrativos, dão sempre a mesma resposta. Por isso, embora eu não esteja conduzindo qualquer tipo de estudo científico, suas respostas devem ter mérito.

No passado, parte do problema para essa escassez de comunicação podia ser atribuído a documentos de estratégia mais espessos que a camada de gelo no Alasca, e, portanto, praticamente impossíveis de serem transmitidos sem alguma forma de tradução. Ou, como alguns dos participantes mais perversos e céticos de meus *workshops* há muito sugerem, seria pelo fato de os próprios executivos verdadeiramente nunca chegarem a um acordo sobre a estratégia e, por conseguinte, não serem capazes de articular com clareza?

O roteiro para a estratégia, apresentado neste livro, permite que você supere essas duas possibilidades desastrosas. O processo garante que todos os executivos enfrentem os fatos que se lhes apresentam, desafiem seus pressupostos, vejam as coisas pela perspectiva de seus clientes, e, por fim, criem um documento que reflita a sua compartilhada compreensão do caminho a ser seguido. Além disso, o resultado do processo é uma declaração simples, destituída de jargões corporativos, e que descreva de forma clara e fácil a sua estratégia.

Passo 10:
Execute a sua estratégia

Parabéns! Você tem uma estratégia nova em folha, elaborada a partir de vigorosos debates e discussões, verificada por uma ótima equipe de examinadores confiáveis, e comunicada incessantemente aos seus funcionários. E agora? Agora é que vai começar o verdadeiro trabalho: colocar isso em prática, executar essa declaração simples e deixar sua marca em tudo o que você fizer, todos os dias do ano.

E assim fechamos o círculo, retornando à introdução do livro. Escrevi este livro, em grande parte, devido à minha frustração com o atual estado de planejamento estratégico e de seu impacto em meu trabalho como um profissional liberal e consultor do *Balanced Scorecard*. Mas se você seguiu os conselhos contidos nestas páginas, você agora está preparado para aproveitar plenamente o imenso poder do sistema de *Balanced Scorecard* de dar vida à sua estratégia. Convido-o a consultar os livros que escrevi sobre o assunto e também a ficar atento a outras histórias de Rory e Sydney. A aventura continua.

Roteiro para o Processo de Planejamento Estratégico Online

Convido-os a visitar *www.roadmapstrategy.com* que oferece recursos complementares à leitura, dentre os quais uma série de exercícios orientados para ajudá-lo na criação de sua própria estratégia. Lá você encontrará ferramentas e recursos que facilitam a sua tarefa mediante a utilização do processo de planejamento estratégico, e permitem que você acompanhe o seu progresso ao longo de sua trajetória. Além disso, há *links* para outros *sites* úteis que você pode visitar ao embarcar no processo de criação e execução de sua estratégia.

Figura 4

Referências

Introdução

Página x: Estudo da consultoria McKinsey sobre a satisfação com o planejamento estratégico e seu uso, McKinsey. Extraído de: Renee Dye and Olivier Sibony, "How to Improve Strategic Planning", *McKinsey Quarterly*, agosto de 2007.

Página x: Dividir as funções em unidades estratégicas de negócios (SBUs) para propósitos de planejamento, a fim de evitar o exercício de planejamento estratégico. Extraído de: Henry Mintzberg, *Ascensão e Queda do Planejamento Estratégico* (Editora Bookman, 2004).

Capítulo 4: A Área Vermelha Destina-se Somente a Embarque e Desembarque de Passageiros

Página 15: "Alguns deles tinham suas excentricidades, é claro, como o tio Duke que gostava de usar calças de pijamas em público, porque, como ele dizia, 'os chineses também o fazem'". De: Ray A. Smith, "The New Pajama Look: Better in Bed?", *Wall Street Journal* (Kindle Edition), 4 de setembro, 2008.

Capítulo 5: Quem é Esse Cara?

Página 24: "Sim, mas se a China..." Esse trecho foi extraído de www.fxcm.com/if-china-revalues.jsp e acessado em 5 de setembro de 2008.

Capítulo 7: Faça Uma Pergunta Boba

Página 38: "Kissinger disse que o que se passa por planejamento normalmente é a projeção de algo familiar em um tempo futuro". Extraído de: Henry Mintzberg, *Ascensão e Queda do Planejamento Estratégico* (Editora Bookman, 2004).

Página 38: "Um heróico sanduíche de boas intenções". De: Peter F. Drucker, *Managing the Nonprofit Organization* (New York: Harper Business, 1990), 5.

Página 39: "Em 1984, a *The Economist* realizou um estudo interessante". De: Michael E. Raynor, *The Strategy Paradox* (New York: Doubleday, 2007), 104.

Capítulo 8: O que se Vê nem Sempre é a Realidade

Página 45: Sydney sugere a Rory algumas perguntas criativas para usar ao longo do processo de planejamento. Algumas destas questões foram extraídas de: Kevin P. Coyne, Patricia Gorman Clifford, e Renee Dye, "Breakthrough Thinking From Inside the Box", *Harvard Business Review*, dezembro de 2007, 70-79.

Página 50: *Discepolo della esperienza*. De: Michael J. Gelb, *Aprenda a Pensar como Leonardo da Vinci* (Editora Ática).

Página 51: "Esgoto Elétrico". A história de Bill Bratton e do Esgoto Elétrico foi extraída de: W. Chan Kim e Renee Mauborgne, *A Estratégia do Oceano Azul* (Editora Campus: 2005).

Capítulo 9: Alcançando o Objetivo Principal

Página 60: "[Objetivo] é o núcleo da roda da estratégia". Traduzido de: Cynthia A. Montgomery, "*Putting Leadership Back Into Strategy*", *Harvard Business Review*, janeiro de 2008, 54-60.

Página 61: Parte sobre Dave Packard. De: James C. Collins e Jerry I. Porras, "*Building Your Company's Vision*", *Harvard Business Review*, setembro-outubro de 1996, 65-77.

Página 63: O debate sobre qual convidado músico apareceu mais vezes no programa *Saturday Night Live*. De acordo com o site Wikipedia a resposta é Paul Simon com nove. James Taylor apareceu seis vezes.

Página 63: Os Cinco Porquês. De: James C. Collins e Jerry I. Porras, "*Building Your Company's Vision*", *Harvard Business Review*, setembro-outubro de 1996, 65-77.

Capítulo 11: Um Impulso na Direção Certa

Página 73: Aqui, Sydney começa a ensinar Rory sobre a importância de determinar o que o impulsiona como empresa. Por anos, muitos teóricos discutiram a importância deste tópico usando uma variedade de descrições e frases para explicá-lo. Eu extraí de duas fontes: Robert W. Bradford, J. Peter Duncan e Brian Tracy, *Simplified Strategic Planning* (Worcester, MA.: Chandler House Press, 2000), 137. Michel Robert, *Strategy Pure & Simple II* (New York: McGraw-Hill, 1998), 63.

Capítulo 14: Carregando as Baterias em Pismo Beach

Página 103: "O décimo-sétimo maior píer, na Califórnia". De acordo com www.vaughns-1-pagers.com/local/california-piers.htm, é atualmente o 18º maior com 381 metros, apesar do *site* oficial da cidade de Pismo Beach, www.pismobeach.org, divulgar 366 metros.

Página 112: As questões que os personagens discutem neste capítulo foram extraídas de: Michel Robert, *Strategy Pure & Simple II* (New York: McGraw-Hill, 1998), 62. Mas, como em todos os tópicos do livro, muito escritores, pesquisadores e usuários influenciaram com seus conselhos de várias formas ao longo dos anos.

Capítulo 15: Você Sabe o que Nietzsche Disse sobre Equipes?

Página 117: "Você sabe o que Nietzsche disse sobre equipes, certo?" Extraído de: James Surowiecki, *A Sabedoria das Multidões* (Editora Record, 2006), 14.

Página 119: As partes do conselho de Sydney relacionados à reunião de gestão foram extraídas de: Kevin P. Coyne, Patricia Gorman Clifford e Renee Dye: "*Breakthrough Thinking from Inside the Box*", *Harvard Business Review,* dezembro de 2007, 71-78.

Página 124: Estudo dinamarquês sobre a lucratividade e a morte da sogra do CEO. De: Mark Maremont, "*Scholars Link Success of Firms to Lives of CEOs*", *The Wall Street Journal,* 5 de setembro, 2007.

Capítulo 16: *Two Thumbs Up*

Página 128: Informação relacionada às origens de Solvang, particularmente sobre a imigração de educadores dinamarqueses, foram extraídas do *site* wikidpedia.org, busca por Solvang, Califórnia.

Página 130: A parte sobre Herbert Bayard Swope foi extraída de: Timothy Ferriss, *Trabalhe 4 Horas por Semana* (Editora: Planeta do Brasil, 2008).

Página 130: A seção sobre a filosofia de Jeff Bezos relacionada aos consumidores foi extraída de: Julia Kirby e Thomas A. Stewart, "*The Institutional Yes*", *Harvard Business Review,* de 2007, 74-82. Ainda nesse artigo, Bezos menciona que todos na Amazon, do presidente ao ocupante do cargo mais simples, têm que passar um tempo nos centros de distribuição e a cada dois anos eles passam dois dias no atendimento ao cliente. Parece uma versão da Amazon para "Passear no esgoto elétrico". Bezos disse que não se trata de uma rotina desgastante e que, de fato, é uma atividade "bastante divertida e onde se aprende muito".

Página 133: Menos de 25% das equipes gerenciais concordam com a frase "nós entendemos nossos clientes". De: Chris Zook, *"Finding Your Next Core Business"*, *Harvard Business Review*, abril de 2007, 66-75.

Página 134: A história do Big Bertha Golf Club foi extraída de: W. Chan Kim e Renee Mauborgne, *A Estratégia do Oceano Azul* (Editora Campus: 2005).

Capítulo 17: Resoluções na Areia

Página 141: Aqui eles começam a discutir a questão "Como nós vendemos". Sydney sugere três possíveis respostas: o menor custo total, intimidade com o cliente e liderança em produto. Esses pontos foram extraídos de: Michael Treacy e Fred Wiersema, *A Disciplina dos Líderes de Mercado* (Editora Rocco, 1995). No entanto, como Michael Raynor pontua em seu livro *The Strategy Paradox* (citado acima), essas ideias existem há muitos anos e são defendidas por vários estudiosos e executivos com diferentes nomes. Por exemplo, a ideia de custo baixo foi explanada como: Liderança em Custo (Porter), Excelência Operacional (Treacy & Wiersema), *Exploitation* (March), e *Defender* (Miles e Snow). Diferenciação aparece com diversos nomes: Diferenciação do Produto (Porter), Liderança/Intimidade com o Cliente (Treacy & Wiersema), *Exploration* (March), e *Prospector/Analyzer* (Miles e Snow).

Capítulo 19: Todo Cachorro Tem o seu Dia

Página 158: Os fãs dos irmãos Grimm reconhecerão a seguinte passagem: "... quando Sydney olhou para ele, viu uma expressão desolada". "O que há de errado com você, meu velho?" Extraído de *The Bremen Town-Musicians* em: Jacob e Wilhelm Grimm, The Complete Grimm's Fairy Tales (Nova York: Pantheon Books, 1944).

Roteiro para o Processo de Planejamento Estratégico

Página 179: Experimente as coisas pelo ponto de vista do cliente. A referência à IDEO é extraída de: Phred Dvorak, *"Businesses Take a Page From Design Firms"*, *Wall Street Journal*, 10 de novembro de 2008.

Página 188: As características de uma efetiva declaração de missão e um *overview* método dos 5 porquês foram extraídos de: Paul R. Niven, *Balanced Scorecard Passo a Passo* (Qualitymark Editora).

Página 192: Citação relacionada a Dave Balter da BzzAgent, extraída de: Dave Balter, "*Conversation: Marketing CEO Dave Balter on Achieving the Corporate Full Monty*", *Harvard Business Review*, outubro de 2008, 33.

Página 198: Revisando e Validando a Estratégia. Partes desta seção (a importância do *workshop* de validação) estão baseadas no material contido em: Paul B. Carroll e Chunka Mui, "*7 Ways to Fail Big*", *Harvard Business Review*, setembro de 2008, 82-91.

Entre em sintonia com o mundo
QualityPhone:
0800-0263311
Ligação gratuita

Qualitymark Editora
Rua Teixeira Júnior, 441 – São Cristóvão
20921-405 – Rio de Janeiro – RJ
Tels.: (21) 3094-8400/3295-9800
Fax: (21) 3295-9824

www.qualitymark.com.br
e-mail: quality@qualitymark.com.br

Dados Técnicos:	
• Formato:	16 x 23 cm
• Mancha:	11 x 18 cm
• Fonte:	Galliard BT
• Corpo:	11
• Entrelinha:	13
• Total de Páginas:	220
• Lançamento:	2010
• Gráfica:	Armazém das Letras